ORANGES IN TIMES OF MOON

To Marcia and Jaixia
con mucho cariño

[signature] 2012

ORANGES IN TIMES OF MOON

Carlos Reyes-Manzo

Translated by
Valeria Baker

First published in Great Britain in 2006
by Andes Press Agency
26 Padbury Court
London E2 7EH

Copyright © Carlos Reyes-Manzo 2006
Translation © Valeria Baker and
Carlos Reyes-Manzo 2006

The right of Carlos Reyes-Manzo to be identified as author of this work has been asserted by him in accordance with the Copyright, Designs and Patents Act 1988

All rights reserved. No part of this publication may be reproduced, stored in a retrieval system, or transmitted in any form or by any means, electronic, mechanical, photocopying, recording or otherwise, without prior permission from the publisher.

ISBN 0 9527182 4 3

Printed and bound in
Great Britain by MPG Books Ltd, Bodmin, Cornwall

Contents

Mother eagle	9
Sun of Teotihuacan	11
Moon of Teotihuacan	13
Teotihuacan	15
Coyote	17
Invading angels	19
Malinche	21
The feathered serpent	23
Birds and oranges	25
The blood of the Saviour	27
He planted his cross where the moon rises	29
Panama and the lord	31
Cerro Rico	33
Tonton Macoutes	35
Romero of the Americas	37
Juan Alsina	39
Three poplars	41
Melinka	43
Ninth Symphony	45
A tree	47
Nostalgias	49
In flowers at dawn	51
Angels with swords of fire	53
The migrant workers	55
The hero and the square	57
News from Chile	59
The general and the baroness	61
Butterfly	63
Yellow maidens	65
Nuptial lilies	67
Dream-love	69
The last summer flower	71
The stone of Pelequen	73
Saint John's Night	75
Roman moonlight	77
Numeral box Moneda	79
The fireplace of clay	81
Woman of the honey and sun	83
Cybele's keys	85
Dressed in incognito	87
Crossing tunnels	89
Surrounded by pillows	91
A table and two coffees	93
Woman of the reeds	95

Cherry tree	97
Yellow stars	99
Whims of time	101
The winter of the grapes	103
The banks of Omdurman	105
Day of the sacrifices	107
Diabolical eye	109
Dancing dragons in the night	111
Traditions	113
The girl of Mumbai	115
Rosa of Bahia	117
Seven loaves and two fish	119
The difference	121
Iron gates	123
Roots of fire	125
American dream	131
Watch the skies	133
Green swords in Rome	135
Matters and dialectics	137
Saturday in Portobello	139
The city of the cyclopes	143
October	145
The road to the park	147
Witness appeal, murder	149
Timoteo	151
The princess of Oxford Street	153
The longest night	155
Night of the fanfares	157
Christmas in Peixinhos	159
Ideas and missiles	161
The nine children of Hutala	163
Collateral damage	165
Children of Iraq	167
The children of the market	169
Silence	171
Pillage	173
The porcupine screams	175
The wise philosopher	177
Four angry dogs	179
Beasts on foreign roofs	181
Torture	183
Sleep and night	185
Abu Ghraib	187
The young man from Gonzaga	189
Democracy	191

To my family
and to all those who believe in peace
in a more just society

Madre águila

Los invasores del zodiaco
penetran la invisible soledad
de las cordilleras.

                Nada es perfecto
profetiza madre águila
volando en los rayos
        de una sombra.

Más adelante del viento
la distancia sustancial
             del principio
que niega el olvido.

Imaginamos las alturas
            del fuego

y el agua seca de la lluvia
que espera en los árboles.

En mis travesías
no hay murallas
       o techos de vidrio.

Olvidé sus nombres
en los altares de piedra.

MEXICO 2000

Mother eagle

The invaders of the zodiac
penetrate the invisible solitude
of the mountains.

                Nothing is perfect
prophesies mother eagle
flying in the rays
        of a shadow.

Far ahead of the wind
the fundamental distance
              of the principle
which denies oblivion.

We imagine the immensity
            of fire

and dry rainwater
waiting on the trees.

On my journeys
there are no walls
        or roofs of glass.

I left their names
on the altars of stone.

MEXICO 2000

Sol de Teotihuacan

En los vientos terrenales
                nada es inmóvil
danzan himenes florales
con el Sol de Teotihuacan.

En sus luces todo es perfecto
          aureolas mágicas
crean la vida
en moléculas de amor.

          Gusta de las mieles
y visita la vagina húmeda
          transparente
llena de voces
con mil rostros al frente.

En tiempos primaverales
abierta al semen temporal
se consume la boda
en cópulas de agua y luz.

Atacan los puñales traidores
mentiras penetran su corazón
              y destruyen
la herencia del amor libre.

Depositan en los altares
        oscuras ceremonias
de cruces y sangre
        y el pan del hambre.

Hombres de la mala voluntad
siembran historias falsas
excomulgan alas azabaches
y pasan el vaso de oro.

MEXICO 2000

Sun of Teotihuacan

In the terrestrial winds
                nothing is still
floral hymens dance
with the Sun of Teotihuacan.

In his light everything is perfect
        magic aureolas
create life
in molecules of love.

        He tastes the honey
and visits the damp vagina
        transparent
full of voices
with a thousand faces in front.

In springtime
open to the temporal semen
the marriage is consummated
in copulations of water and light.

The treacherous daggers attack
lies penetrate his heart
                and destroy
the legacy of free love.

They place on the altars
        obscure ceremonies
of crosses and blood
        and the bread of hunger.

Men of ill will
sow false tales
excommunicate black wings
and pass the golden cup.

MEXICO 2000

Luna de Teotihuacan

Astro en la cintura de la tierra
        piedra grande
               con su cara oscura.

Sonrisa de plata
para los enamorados del chocolate

        luz en la oscuridad
        de las multitudes.

En las siete montañas de Teotihuacan
mujer de ojos negros
            y piel canela
vestida de acacias dulces.

Se desnuda en la noche misteriosa
gotas de sus pechos
        salpican
               la tierra dormida.

Duerme en la Vía Láctea
      y al despertar
           apaga la luz
como eclipse en mis labios.

Cuando invaden las tinieblas
             de otros planetas
se aparece en torres
de vidrio transparente.

MEXICO 2000

Moon of Teotihuacan

Star on the earth's waist
        large stone
                with her dark face.

Silver smile
for lovers of chocolate

        light in the darkness
        of the multitudes.

In the seven mountains of Teotihuacan
woman with black eyes
            and cinnamon skin
dressed in sweet acacias.

She undresses in the mysterious night
drops from her breasts
        sprinkle
                on the sleeping earth.

She sleeps in the Milky Way
        and on awakening
                extinguishes the light
like an eclipse on my lips.

When shadows invade
                from other planets
she appears on towers
of transparent glass.

MEXICO 2000

Teotihuacan

Rostros tallados en el cosmo eterno
caminan del océano azul
        piedra y tierra
suben a la cumbre
donde vive la madre
        y el padre terrenal.

        Danza el Sol
                y la vida
se anuncia en granos mínimos.

El Señor del reino de Teotihuacan
presenta al planeta hambriento
semillas de maíz
y a los cortadores de oro
racimos de aguas puras.

Cerberus, el cancerbero de la fe
ofrece el Paraíso
        donde
            todo se compra
                      y se vende
en mercados eternos.

En batallas por la vida
        triunfa Lucifer
                  ángel
hermoso
        y todopoderoso.

MEXICO 2000

Teotihuacan

Faces carved in the eternal cosmos
walk from the blue ocean
        rock and earth
climb to the summit
where mother
        and father terrestrial live.

        The Sun dances
                and life
announces itself in minimal grains.

The Lord of the kingdom of Teotihuacan
presents the hungry planet
with seeds of maize
and the plunderers of gold
with clusters of pure water.

Cerberus, guardian of the faith
offers Paradise
        where
                everything is bought
                          and sold
in eternal markets.

In battles for life
        triumphs Lucifer
                      angel
beautiful
        and all-powerful.

MEXICO 2000

Coyote

En la cama hambrienta
un coyote en celo
                    penetra
las vírgenes profundidades
de la bella Harmonía.

MEXICO 2000

Coyote

In the hungry bed
a coyote on heat
               penetrates
the virgin depths
of beautiful Harmony.

MEXICO 2000

Angeles invasores

Anuncia el oráculo real
cuídate Motecuhzoma
tigre desnudo
        por el mar
arriban ángeles invasores.

El arcángel
esconde escapularios
                en los calzones
de la Malinche enamorada.

A la hora del ángelus
anuncian la boda
del ángel del ocaso
        y la musa divina.

San Putrefacto, victorioso
usa la horca y el cuchillo.
En las sombras
                    asecha
el misterio del ángel ladrón.

      Las barbas del Salvador
y la fetidez de los aventureros
alimentan las barcas del hambre.

Los santos guerreros
exigen tributos en sangre
y saquean el vientre del maíz.

MEXICO 2000

Invading angels

The royal oracle announces
take care Motecuhzoma
naked tiger
       by sea
arrive invading angels.

The archangel
hides scapulars
               in the knickers
of the infatuated Malinche.

At the hour of the Angelus
they announce the marriage
of the angel of doom
       and the divine muse.

Saint Putrefacto, victorious
uses the gallows and the knife.
In the shadows
                 lurks
the mystery of the thieving angel.

       The Saviour's beard
and the adventurers' stench
feed the ships of hunger.

The holy warriors
exact tributes in blood
and plunder the womb of maize.

MEXICO 2000

Malinche

Tu belleza guía al invasor
a Tenochtitlan del cacao
por tu maldita pasión
duermes en la cama del capitán.

Se bañan en aguas sudorosas
lo cubres de amores
y raíces secretas
en batallas floreadas.

Con la falsedad de un juramento
clavan espadas
en el corazón de Teotihuacan.

El carisma del caudillo
condena a las hogueras
a los que aman a padre Sol
y queman los hijos de madre Luna.

Vigilan los defensores de la fe
queman los libros fundamentales
disparan el arcabuz
y siembran cadáveres.
Avaricia convierte la sangre en oro.

Eres princesa en palacios
con salas y pisos
y bandera real en el mástil.
Mueres después de tu amante
asesinado por otro castellano.

MEXICO 2000

Malinche

Your beauty guides the invader
to Tenochtitlan of the cocoa
with your cursed passion
you sleep in the captain's bed.

You bathe in waters of sweat
and cover him in love
and secret roots
in flowery battles.

With the deceit of an oath
they thrust their swords
into the heart of Teotihuacan.

The caudillo's charisma
condemns to the stake
those who love father Sun
and they burn the children of mother Moon.

The defenders of the faith are vigilant
they burn the fundamental books
fire the arquebus
and sow bodies.
Greed transforms blood into gold.

You are a princess in palaces
with halls and floors
and a royal flag on the mast.
You die after your lover
is killed by another Castilian.

MEXICO 2000

La serpiente emplumada

En los jardines de la Luna
la serpiente emplumada
esconde su cara
en los altares de piedra.

En las frías penumbras
se reflejan los ojos
en los esqueletos blancos.
La saludan fantasmas amigos
traen mensajes de los dioses.

La novicia hace su promesa
en los altares de piedra
recibe collares de vidrio
y hace el amor a la oración.

Desde que llegó el santo hombre
gritan los agoreros
la verdad de los apóstoles.

Aparecen ángeles alados
para la beata señora
y santas para el cándido señor.

El Santo Oficio impone torturas
y la muerte.
Esconden la divinidad
húmeda del pulque
y las flores de las islas sagradas.

El conquistador levanta el pulgar
otra cabeza rueda en el espacio
los árboles están en cruz
y a la primera campanada
cortan la lengua de los cantores.

MEXICO 2000

The feathered serpent

In the gardens of the Moon
the feathered serpent
hides her face
on the altars of stone.

In the cold penumbras
her eyes are reflected
on the white skeletons.
Friendly ghosts greet her
with messages from the gods.

The novice takes her vows
on the altars of stone
receives glass necklaces
and makes love at the Angelus.

Since the arrival of the holy man
soothsayers have been shouting
the truth of the apostles.

Winged angels appear
to the pious woman
and lady saints to the naive man.

The Holy Office imposes torture
and death.
They hide the humid divinity
of the pulque
and the flowers of the sacred islands.

The conquistador raises his thumb
another head rolls into the emptiness
the trees are in cross
and at the first ring of bells
they cut off the poets' tongues.

MEXICO 2000

Pájaros y naranjas

Naranjas en tiempos de luna
      naranjas frescas
           naranjas dulces
naranjas amargas.

Vuelan pájaros ruidosos
        a la isla colosal.
Son cajas de luces sabrosas
ancladas en océanos de hojas verdes.

Naranjos plantados en el mismo lugar.

Dos amantes aman en el alma
son naranjas en camas verdes.

Si regresan estoy en la espera
      de los pájaros ruidosos
           al árbol de naranjas.

No puedo negarlo quiero conocerte.
Pero dónde está el lugar
        es en un árbol seco
o en la vida al sur del Río Grande?

Si tomo posesión
estoy condenado a ser poblador.

Pobladores caen en la tierra
fundan casas de muros rojos
expulsan a los hijos del día
plantan árboles importados
y la muerte en los territorios.

No volverán los pájaros
al árbol de las naranjas.

POZA RICA, MEXICO 1993

Birds and oranges

Oranges in times of moon
        fresh oranges
                sweet oranges
bitter oranges.

Noisy birds fly
        to the colossal island.
They are boxes of delicious lights
anchored in oceans of green leaves.

Orange trees planted in the same place.

Two lovers love in the soul
they are oranges in green beds.

If they return I will be waiting
        for the noisy birds
                at the orange tree.

I cannot deny I want to meet you.
But where is the place
        is it on a dry tree
or in life south of the Rio Grande?

If I take possession
I am condemned to be a settler.

Settlers fall on the ground
build houses with red walls
expel the children of the day
plant imported trees
and death in the territories.

The birds will not return
to the orange tree.

POZA RICA, MEXICO 1993

La sangre del Salvador

no
olvides
poner
en
la
mesa
el
mantel
blanco
el cáliz con la sangre del Salvador y la cruz en el altar
al
mediodía
hay
una
fogata
en
el
jardín
a
la
hora
del
ángelus
cortan
las
cabezas
de los Señores

MEXICO 2000

The blood of the Saviour

do not
forget
to put
on
the
table
the
white
cloth
the chalice with the blood of the Saviour and the cross on the altar
at
midday
there is
a
fire
in
the
garden
at
the
hour
of the
Angelus
they cut off
the
heads
of the Lords

MEXICO 2000

Plantó su cruz
donde nace la luna

Brisa, hija del dios Viento
sopla por las míticas quebradas
de las aguas cristalinas.

Con sus chácaras
desbordándoles amor
van con el hermano Sol
danzándole a la vida.

Para las caracolas
el mar es infinito.

De allende los mares
el extranjero
de la piel de hierro
y blanco el corazón.

Con su pie de hielo
plantó su cruz
donde nace la luna.

El Almirante y sus tres carabelas
cual aves de mal agüero
siembran semillas del mal.

Sus espadas toledanas
abren heridas eternas
rojas están las cadenas
santificadas por el Dios romano.

Pobre estrella del sur
tu pureza nocturnal
violada en subastas castellanas.

PANAMA 1991

He planted his cross
where the moon rises

Breeze, daughter of the god Wind
blows through mythical ravines
of crystalline waters.

From their chacaras
sharing out love
with brother Sun
they dance to life.

For the caracolas
the sea is infinite.

From beyond the seas
the foreigner
with skin of iron
and white heart.

With his feet of ice
he planted his cross
where the moon rises.

The Admiral and his three caravels
like birds of ill omen
sow seeds of evil.

Their Toledan swords
open eternal wounds
red are the chains
blessed by the Roman God.

Poor star of the south
your nocturnal innocence
raped at Castilian auctions.

PANAMA 1991

Panamá y el caballero

Brinda
el amante de Su Majestad
caballero de la mesa redonda
lord
y corsario del mar.

Criminales de los patíbulos
fuego y cañones
arrasan las tierras de los Emberas
y encadenan la existencia
a catedrales con campanas.

Resuena brutal
el látigo del conquistador
redobla el tambor
marchan esclavos.

En lo profundo de la plantación
sombras hambrientas
elevan plegarias al Dios de la Vida.

Banderas cambian de color
piratas de Wall Street
traen pólvora
y esclavos del Oriente
crean
los padres de la nueva patria
y cortan la cintura de Panamá.

Mamita United
con sudor tropical
riega bananos amarillos
y cosecha dólares verdes.

PANAMA 1978

Panama and the lord

The lover of Her Majesty
knight of the round table
lord
and corsair of the sea
toasts.

Criminals of the gallows
fire and cannons
raze the lands of the Emberas
and chain life
to cathedrals with bells.

The conquistador's whip
echoes brutally
the drum rolls
slaves march.

In the depths of the plantation
hungry shadows
pray to the God of Life.

Flags change colour
pirates from Wall Street
bring gunpowder
and slaves from the East
create
the fathers of the new country
and cut Panama's waist.

Mamita United
with tropical sweat
waters yellow bananas
and harvests green dollars.

PANAMA 1978

Cerro Rico

Sumac-Orcko, montaña hermosa
para los ancestrales Mitayos.
Los invasores te secuestran
de las serranías del Kari-Kari
y te llaman Cerro Rico.

Cerro rico en lágrimas y sangre
de tu alma carcomida
por mil socavones
arrancan tu corazón aurífero.
En el socavón infernal
el tictac rítmico
del barreno metálico
no más vida... no más vida...

      Boom... boom...
              fatídico retumba
el eco en el socavón
          muerte... boom... muerte...
muerte en el socavón
      otro blasón
             a la corona imperial.

Dime Tío, rey de las profundidades
dónde está la plata florecida de dolor?
Está en las arcas de Felipe II
o en la rojas espinas de Cristo?

Plata amasada en sangre Mitaya
adorna banquetes sagrados
y de la hermosa montaña
sólo vacíos.

        Sumac-Orcko
montaña maldita por los dioses.

POTOSI, BOLIVIA 1992

Cerro Rico

Sumac-Orcko, beautiful mountain
for the ancient Mitayos.
The invaders kidnap you
from the mountains of Kari-Kari
and call you Cerro Rico.

Hill rich in tears and blood
from your soul riddled
with a thousand tunnels
they snatch your golden heart.
In the infernal tunnel
the rhythmical ticktock
of the metal drill
no more life... no more life...

    Boom... boom..
        the echo in the tunnel
thunders prophetically
    death... boom.... death...
death in the tunnel
    another coat of arms
        for the imperial crown.

Tell me Tío, king of the depths
where is the silver bloomed in pain?
Is it in the coffers of Philip II
or in the red thorns of Christ?

Silver kneaded in Mitaya blood
adorns holy banquets
and of the beautiful mountain
only emptiness.

    Sumac-Orcko
mountain cursed by the gods.

POTOSI, BOLIVIA 1992

Tonton Macoutes

Los reales franceses
huyen de la primera república
del sol y Caribe negro.

En el cuartel
los Tonton Macoutes
son como los militares
tal vez tecnócratas
disfrazados de computadoras.

Los Tonton Macoutes
comen bananas
se visten, hablan
usan bastón
pistola y brutalidad.

Entre gallos y medianoche
prenden velas a Papa Doc
San Duvalier
para los santos amigos.

Los generales Macoutes
no están en los cuarteles militares
mandan maletas con dólares a París
y escapan en aviones a Miami.

LONDRES 1981

Tonton Macoutes

The royal French
flee the first republic
of the sun and the black Caribbean.

In the barracks
the Tonton Macoutes
are like the military
perhaps technocrats
disguised as computers.

The Tonton Macoutes
eat bananas
wear clothes, speak
use batons
pistols and brutality.

Between cocks and midnight
they light candles to Papa Doc
Saint Duvalier
to his holy friends.

The Macoutes generals
are not in the military barracks
they send suitcases with dollars to Paris
and escape in aeroplanes to Miami.

LONDON 1981

Romero de las Américas

El niño de la flauta
siembra letras en el sueño
una melodía en el aire
y crece con el pueblo.

Asesinan padre Grande
en las tierras de Aguilares
pueblo de las semillas.

Marchan las tropas
a San José de la Montaña.
Exterminan las Escrituras
incendian las sierras de las aguas
de residencias terrenales.

Los hermanos de Cristo Rey
queman el maíz
imponen el secreto de las torturas.
El pastor no oculta el dolor
cuando asesinan a su pueblo.

Denuncia el horror fratricida
de la unión de los Guerreros Blancos.
Los apóstoles de la Santa América
niegan la vida al pueblo doliente.

A las seis y veintiséis
ofrece el pan
el asesino dispara!

La profecía se hace historia.

EL SALVADOR, 24 DE MARZO 1980

Romero of the Americas

The child of the flute
sows words in a dream
a melody in the air
and grows with the people.

They assassinate Father Grande
in the lands of Aguilares
village of the seeds.

The troops march
to San José de la Montaña.
They exterminate the Scriptures
and set on fire the mountains of the waters
of earthly residences.

The brothers of Christ the King
burn the maize
and impose the secret of torture.
The shepherd does not hide his grief
when they assassinate his people.

He denounces the fratricidal horror
of the Union of White Warriors.
The apostles of Saint America
deny life to the suffering people.

At six twenty-six
he offers up the bread
the assassin shoots!

The prophecy becomes history.

EL SALVADOR, 24 MARCH 1980

Juan Alsina

De las lluvias de Castello'o d'Empuries
San Pedro lo recibe en la caleta de los pescadores.
Camina por las calles de San Antonio
y reside en los cerros de arena.

Carcajadas resuenan en las luces del puerto
sin miedo denuncia las injusticias
y marcha con los trabajadores
el primero de mayo.

Diez de la noche del 19 de septiembre
el Mapocho arrastra barro oscuro
por su cauce de piedras. Indiferente
observa la virgen de San Cristóbal.

Juan cura trabajador
viste de blanco hospital
comparte el dolor de su pueblo.
Por qué huir de San Juan de Dios?

La patrulla militar
lo secuestra vestido de blanco.
En el puente Bulnes
mira a los ojos del soldado.

Por favor no me pongas la venda
mátame de frente
quiero verte para darte el perdón.

El soldado de la junta militar
aprieta el gatillo
balas rompen su pecho
vestido de blanco hospital.

De la mano de los niños
Juan se va caminando.

SANTIAGO, CHILE 1973

Juan Alsina

From the rains of Castello'o d'Empuries
Saint Peter receives him in the fishermen's bay.
He walks through the streets of San Antonio
and lives in the hills of sand.

Laughter echoes in the lights of the port
unafraid he denounces injustices
and marches with the workers
on May Day.

Ten at night on 19th of September
the Mapocho drags dark mud
on its bed of stones. Indifferent
Our Lady of San Cristóbal observes.

Juan worker priest
dresses in hospital white
shares the suffering of his people.
Why flee from San Juan de Dios?

The military patrol
kidnaps him dressed in white.
On Bulnes Bridge
he looks into the soldier's eyes.

Please do not blindfold me
kill me face to face
I want to see you to forgive you.

The soldier of the military junta
pulls the trigger
bullets break his chest
dressed in hospital white.

Holding the children's hands
Juan walks away.

SANTIAGO, CHILE 1973

Tres álamos

Hay tres álamos encarcelados
en los muros del viejo convento.

Soy prisionero de guerra
de la dictadura militar.

Días de ir y venir
de muralla a muralla.
Tristeza en la soledad
silencio en los recuerdos.

Cuerpos torturados
palabras efímeras
mensajes en los muros
desolación en los rostros.

Agonías de los días invernales
llueve y hace frío.
En el patio de cemento áspero
trozo a trozo desnudan
al ciruelo de la flor solitaria.

Por semanas anhelando
que llegue el nuevo día.
Al fin abren el portón de hierro
entran familias y las noticias.

Cayó Carlos Lorca.
Con otros compañeros desaparece
de las casas de torturas.

TRES ALAMOS, CHILE 1975

Three poplars

There are three poplars imprisoned
in the walls of the old convent.

I am a prisoner of war
of the military dictatorship.

Days of coming and going
from wall to wall.
Sadness in the loneliness
silence in the memories.

Tortured bodies
ephemeral words
messages on the walls
desolation on the faces.

Agonies of winter days
it rains and it's cold.
In the yard of harsh cement
piece by piece they plunder
the plum tree of the solitary flower.

For weeks longing
for the next day.
Finally they open the iron gate
families and news enter.

Carlos Lorca fell.
With other comrades he disappears
from the houses of torture.

TRES ALAMOS, CHILE 1975

Melinka

Prisión de torres inmóviles
escudriñando la lluvia
tinieblas y fusiles
alambres de púa
cardos en tierra de nadie
insomnios en noches frías
graznidos del mar distante
arañas huyen del invierno.

Grita el sargento
marchen prisioneros de guerra
firmes, numerarse
izar la bandera
canten la canción nacional.

Puro Chile es tu cielo azulado ....

Lacónico el comandante de turno
amenaza
si terroristas atacan el cuartel
serán fusilados de inmediato!

El atardecer trae un santo hombre
danza la cruz en su pecho
pontifica de los deberes
con Dios y la Patria.

Por la calle polvorienta de Puchuncaví
llegan cartas clandestinas
visitas tristes y lejanas
en dos días será sábado
vendrán ellos?

.... y el asilo contra la opresión!

PUCHUNCAVI, CHILE 1975

Melinka

Prison of immobile towers
scanning the rain
shadows and rifles
barbed wire
thistles in no-man's land
insomnias on cold nights
cries from the distant sea
spiders escaping winter.

The sergeant shouts
march prisoners of war
attention, number off
raise the flag
sing the national anthem.

Chile, pure is your blue sky ....

The laconic commander on duty
threatens
if terrorists attack the compound
you will be shot immediately!

The evening brings a holy man
the cross dances on his chest
he pontificates on duties
to God and Country.

Through the dusty street of Puchuncaví
arrive clandestine letters
sad and distant visits
in two days it will be Saturday
will they come?

.... and asylum against oppression!

PUCHUNCAVI, CHILE 1975

Novena Sinfonía

La última noche en prisión
cien elegidos para el exilio.

Espera la inmensidad del trópico
el sombrero verde de Torrijos
la bella Panamá dividida en dos.

Cantamos en la despedida
cruza siglos la novena sinfonía
caos de emociones y maletas
retratos sonrientes en mi bolsillo
madre susurra un último consejo
padre observa desde la distancia
sabía que serían años de ausencias.

Todos vestidos de peregrinos
dejamos tristezas en calles vacías
el mar golpeando playas blancas
calladas fuentes de horas muertas.

Los niños con sus caritas pálidas
y miradas inquisitivas
reflejos fugaces en los cristales
del aeropuerto internacional.

Añoranzas de último minuto
memorias para los desterrados
exilio del vientre y el azúcar
exilio de círculos vivenciales
manos volando hasta el final.

Detrás de la mascara de la libertad
se esconde el rostro cruel del exilio.

TRES ALAMOS, CHILE 1975

Ninth Symphony

The last night in prison
one hundred chosen for exile.

Awaiting is the immensity of the tropics
Torrijos' green hat
beautiful Panama divided in two.

We sing at the farewell
the Ninth Symphony crosses centuries
chaos of emotions and suitcases
smiling portraits in my pocket
mother whispers her last advice
father observes from the distance
he knew they would be years of absence.

All of us dressed as pilgrims
leave sadness in empty streets
the sea pounding white beaches
silent fountains of still hours.

The children with their pale faces
and inquisitive glances
fleeting reflections in the windows
of the international airport.

Last minute nostalgias
memories for the banished
exile from the womb and tenderness
exile from existential circles
hands flying till the end.

Behind the mask of freedom
hides the cruel face of exile.

TRES ALAMOS, CHILE 1975

Un árbol

Desde la chata perspectiva
de mi ventana
veo el ondular
de sus ramas al viento
que con mudas reverencias
saludan al tiempo pasar.

HOLLAND PARK HOTEL
LONDRES, FEBRERO 1980

A tree

From the flat perspective
of my window
I see the swaying
of its branches in the wind
waving silent reverences
at time passing by.

HOLLAND PARK HOTEL
LONDON, FEBRUARY 1980

Nostalgias

El tiempo va danzando
cantando
cruzando abismos
sembrando nostalgias
aprisionando recuerdos
sembrando tristezas en los caminos.

Aquí me tienes prisionero
de eternas melancolías.

Nostalgia, tú que traes ilusiones
de tierras lejanas.

Nostalgia por mi tierra querida
por el pan oloroso a eucaliptos
amasado por las blancas manos
de la madre
de tu hijo ausente.

Quiero volver a la bahía maternal
anclar mi barco fantasma
en las pacíficas aguas azules.

El viejo puerto espera.

LONDRES 1981

Nostalgias

Time is dancing
singing
crossing abysses
weaving nostalgias
imprisoning memories
sowing sadness on its paths.

Here you hold me prisoner
of eternal melancholies.

Nostalgia, you who bring illusions
of distant lands.

Nostalgia for my beloved land
for bread fragrant of eucalyptus
kneaded by the white hands
of the mother
of your absent son.

I want to return to the maternal bay
to anchor my phantom boat
in the blue Pacific waters.

The ancient port is waiting.

LONDON 1981

En flores de amaneceres

El golpe militar estremece septiembre
tiran cadáveres al Mapocho
fusilan trabajadores en las fabricas
estudiantes en las universidades.

Asesinan en el estadio nacional
aprisionan en Tres Álamos
y en Puchuncaví
torturan en Villa Grimaldi
y desaparecen los torturados
de los sótanos de calle Londres 38.

Cuando cae la camanchaca
en las arenas del norte
la Caravana de la Muerte
siembra muerte y dolor
en Santa María del desierto.

Y aunque me duela caminar
por entre galones dorados
y de gris sean los uniformes
que con sus estrellas de plata
tienen nuestra libertad
aún prisionera de transiciones

vuelvo
a caminar por el surco profundo
de las caras amigas
            vuelvo
a beber de las cordilleras blancas.

Es hora en que las tierras
regadas por soles y lágrimas
devuelvan a mis compañeros
en flores de amaneceres.

LONDRES, NOVIEMBRE 1987

In flowers at dawn

The military coup shakes September
they throw bodies in the Mapocho
shoot workers in factories
students in universities.

They murder in the national stadium
imprison in Tres Álamos
and Puchuncaví
torture in Villa Grimaldi
and the tortured disappear
from the cellars of calle Londres 38.

When the fog descends
on the sands of the north
the Caravan of Death
sows death and suffering
in Santa María of the desert.

And though it is painful to walk
between the golden stripes
and grey are the uniforms
which with their silver stars
still hold our freedom
prisoner of transitions

I return
to walk through the deep furrow
of friendly faces
                I return
to drink from the white mountains.

It is time for the earth
watered in suns and tears
to return my comrades
in flowers at dawn.

LONDON, NOVEMBER 1987

Angeles con espadas de fuego

En las torres de la catedral
repican las campanas
mudas testigos de mil engaños
miran impasibles la historia
viven del pasado.

Con galones de capitán
pantalón blanco y zapatos rotos
barco y sin mar
raudo busca la bahía
carga ilusiones con sabor a maíz.

A la sombra de las palmeras
con la vieja caja de tres patas
está Carlitos cazando sonrisas.
Quietas se descuelgan las fotos
viejas y descoloridas
recuerdan amores pasados.

Mustia la pareja de enamorados
ojos fulgurándos ternura
recuerdan lo que nunca pudo ser
disputan a la vida
un futuro que es pasado.

Cansado el grito del canillita
se eleva en la mañana
la historia, vivan la historia!

En las torres de la catedral
las campanas llaman a la misa matinal.
En los vitrales multicolores
esperan ángeles con espadas de fuego
y miradas de vidrio y plomo.

SANTIAGO, CHILE 1988

Angels with swords of fire

In the towers of the cathedral
the bells ring
silent witnesses of a thousand deceits
they look at history impassively
and live in the past.

With captain's stripes
white trousers and broken shoes
a ship without a sea
rushing he looks for a bay
carrying illusions tasting of popcorn.

In the shadow of the palm trees
with his old three-legged box
Carlitos is hunting smiles.
The photos are quietly hanging
old and discoloured
remembering past romances.

The nostalgic couple in love
eyes shining with tenderness
remember what could never be
they challenge life
to a future that is past.

The tired cry of the newsvendor
rises in the morning
history, live history!

In the towers of the cathedral
the bells call to morning mass.
In the stained glass windows
angels are waiting with swords of fire
and glances of glass and lead.

SANTIAGO, CHILE 1988

Los afuerinos

Juana está con los dolores
el niño llega con la luz del alba.
Lo trae a la vida envuelto en ternuras
Doña María, meica y madre
de los niños de los alrededores.

Brindan por Juanito con vino tinto.

Pechos morenos y generosos
alimentan su hambre de vida.

Juanito y su caballo Ensueños
recorren territorios encantados
es príncipe y señor
y vuela en la lluvia fresca
con ilusiones de hombre
en pantalón corto.

A los ochos años debe trabajar
en largas jornadas en la yunta.
Las tierras son del patrón
que vive en la casa patronal.

El gringo llega con dólares
y consejos de un experto en Wall Street
compra la hacienda y expulsa la familia
de las tierras ancestrales.

Son campesinos disponibles
es la ley del mercado.

Al final de la dura jornada
cae polvo en las piedras del camino
Juan y la familia
se duermen bajo los sauces.

ISLA DE MAIPO, CHILE 1992

The migrant workers

Juana is in labour
her son arrives with the light of dawn.
Doña Maria, doctor and mother
of the children of the neighbourhood
brings him into life wrapped in tenderness.

They toast Juanito with red wine.

Dark and abundant breasts
feed his hunger for life.

Juanito and his horse Ensueños
travel through enchanted territories
he is prince and lord
and flies in the cool rain
with illusions of a man
in short trousers.

At eight he has to work
long days driving the oxen.
The lands belong to the landowner
who lives in the landowner's house.

The gringo arrives with dollars
and advice from an expert in Wall Street
buys the hacienda and expels the family
from their ancestral lands.

They are expendable farmers
it is the law of the market.

At the end of a hard day
dust falls on the stones in the road
Juan and his family
fall asleep under the willows.

ISLA DE MAIPO, CHILE 1992

El héroe y la plaza

Plaza de árboles retorcidos
una fuente de piedra
bancos verdes
el héroe
soberbio en su uniforme
frío e inmóvil
evoca batallas heroicas.

Altanero el teniente
firme el sargento
marchan los militares
marcha la banda
tocan tambores y cornetas.

Aplaude el alcalde
y el cura
las señoras y los niños
felices las enamoradas.

En paz duerme un vagabundo
indiferentes pasan transeúntes
hombres leen el periódico
otros escupen en el suelo
lento se acerca un perro
mea los cardenales rojos
y sigue su camino.

Al final
una paloma aburrida
caga en la estatua.

SANTIAGO, CHILE MARZO 1993

The hero and the square

Square of twisted trees
a stone fountain
green benches
the hero
proud in his uniform
cold and immobile
remembers heroic battles.

The arrogant lieutenant
to attention the sergeant
the soldiers march
the band marches
playing drums and trumpets.

The mayor, the priest
the women and children
applaud
happy are the girlfriends.

A tramp sleeps in peace
passers-by walk past indifferent
men read the newspaper
others spit on the ground
a dog approaches slowly
pisses on the red geraniums
and continues on its way.

At the end
a bored pigeon
shits on the statue.

SANTIAGO, CHILE MARCH 1993

Noticias de Chile

Del lejano Chile llega El Siglo
escondida en un rincón
de la página diez
está la noticia.

En Lota
la muerte esconde la vida
en un hoyo de tierra dura
y despiadada.

Encuentran Adán
esposo de Isabel
padre de tres hijas
minero del carbón.

En la lobreguez de la noche
con una orden oficial
el carabinero Contreras
secuestra Adán de sus hijas
del hogar y la vida.

Isabel busca en el cuartel policial
habla con el Comandante
y el cura
busca en el día
y en la oscuridad.

Isabel madre de tres hijas
camina con pasos lentos
busca al compañero Adán
al padre desaparecido.

Las puertas se cierran
sus pasos se cansan
y desaparece de las calles.

LONDRES 1994

News from Chile

From distant Chile arrives El Siglo
hidden in a corner
of page ten
is the news.

In Lota
death hides life
in a hole of hard
and merciless earth.

They find Adán
husband of Isabel
father of three daughters
coalminer.

In the darkness of night
with an official order
policeman Contreras
kidnaps Adán from his daughters
home and life

Isabel searches at the police station
speaks to the commander
and the priest
searches during the day
and in the dark.

Isabel mother of three daughters
walks slowly
looking for compañero Adán
the disappeared father.

Doors close
her steps grow weary
she disappears from the streets.

LONDON 1994

El general y la baronesa

Sonríe el general
La baronesa sirve té

Hay tazas de té dulce
Y tazas de té amargo

Jueces siguen ladrones
Jueces siguen generales

Deténganlo ordena el juez
A la prisión el general

Suéltenlo pide el lord

El presidente defiende el honor nacional
Hay silencio del candidato oficial

Las memorias del general
La baronesa y sus memorias
Los favores del general
La baronesa y sus batallas
Pierde la guerra el general

Hay tazas de té dulce
Y tazas de té amargo

La baronesa recuerda con orgullo
Sus glorias de dama de hierro
Y el té con el general gaga

LONDRES, ENERO 2000

The general and the baroness

The general smiles
The baroness serves tea

There are cups of sweet tea
And cups of bitter tea

Judges pursue thiefs
Judges pursue generals

Detain him orders the judge
To prison the general

Release him begs the lord

The president defends the national honour
There is silence from the official candidate

The memories of the general
The baroness and her memories
The favours of the general
The baroness and her battles
The general loses the war

There are cups of sweet tea
And cups of bitter tea

The baroness remembers with pride
Her glories as iron lady
And tea with the gaga general

LONDON, JANUARY 2000

Mariposa

La primavera con su verde turquesa
florece por doquier
mariposa canela azabache
tu tiempo llegó
extiende tus alas
regala al mundo tus colores
no te quedes en mis manos
te quiero
en los árboles azules
libre
como el día
vuela mariposa
recorre otros trigales
ama otros pensamientos
enrédate en otros rosales
ilusiónate en otra ilusión.

Al final del tiempo
tendremos violetas.
Florecen en otoño.

SANTA CRUZ, BOLIVIA 1989

Butterfly

Spring with its turquoise green
flowers everywhere
butterfly cinnamon black
your time has come
open your wings
give the world your colours
don't stay in my hands
I want you
in the blue trees
free
like the day
fly butterfly
travel through other wheatfields
love other thoughts
entangle yourself in other rosebeds
love other dreams.

At the end of time
we will have violets.
They flower in autumn.

SANTA CRUZ, BOLIVIA 1989

Doncellas amarillas

Arriban a la época verde
coronadas de aureolas
irradiando luces áureas.

Residen en huertas fragantes
y se visten de colores dorados.

Cabelleras brillantes de sol
disimulan sus senos dulces.

Calientes
se deshacen en mi boca
grano a grano
en jugos y sabores.

Compañeras de los pobres
están en los mercados
cubiertas de plástico
en la harina de una tortilla
en la mesa del pueblo.

Buscadores de riquezas
las exportan por dólares
en la panza de los barcos.

Las doncellas amarillas
siempre llegan a tiempo
a la mesa de los pobres.

MEXICO 2000

Yellow maidens

They arrive in the green season
crowned with halos
radiating golden lights.

They live in fragrant gardens
and dress in golden colours.

Tresses bathed in sun
conceal their sweet breasts.

Hot
they dissolve in my mouth
grain by grain
into juices and flavours.

Compañeras of the poor
are in the markets
covered in plastic
in the flour of a tortilla
on the table of the people.

Wealth seekers
export them for dollars
in the bellies of ships.

The yellow maidens
always arrive in time
to the table of the poor.

MEXICO 2000

Azucenas nupciales

En la pérgola de la vieja casona
dormitan azucenas nupciales.

Como señoronas de alta alcurnia
sueñan ser princesas
en altares virginales.

Aguardan en el frío oratorio
un cura penitente
un coro de monaguillos
la procesión de querubines.

Observan almas en pena
madonas en marcos dorados
palomas en las alturas
Narciso y San José
San Pedro y las llaves.

Lentas danzan las azucenas
al ritmo de cánticos místicos
enamoradas del milagro carnal
irradian pura espiritualidad.

Azucenas entregadas
a siglos tradicionales
misterios del humo sagrado
amores quemados en el altar.

A la hora de la bendición
pensamientos mórbidos
se esfuman en los sueños
de los humos del incienso.

CARTAGENA, CHILE 1987

Nuptial lilies

In the pergola of the old mansion
nuptial lilies doze.

Like ladies of noble ancestry
they dream they are princesses
on virginal altars.

In the cold oratory await
a penitent priest
a choir of altar boys
a procession of cherubs.

Observing are suffering souls
madonnas in golden frames
doves in heaven
Narcissus and Saint Joseph
Saint Peter and the keys.

The lilies slowly dance
to the rhythm of mystical canticles
in love with the carnal miracle
they radiate pure spirituality.

Lilies devoted
to traditional centuries
mysteries of the sacred smoke
loves burnt on the altar.

At the hour of the benediction
morbid thoughts
vanish in the dreams
of the smoke of the incense.

CARTAGENA, CHILE 1987

Sueño-amor

Despertar
cayéndose de un sueño
es recomponer
imágenes rotas
por tiempos sagrados.

Sueño-amor
con tus manos remotas
con tus manos blancas
las que me hacen dormir
y me duermo en tus brazos.

A Olimpo, ciudad sagrada
voy por la luz
por la luz de la vida
al campo de los cipréses
en lo alto de la montaña.

Sueño-amor
de tu mano blanca
voy a caminar
el largo camino de la eternidad.

LONDRES 1987

Dream-love

To awaken
falling from a dream
is to recompose
images broken
in sacred times.

Dream-love
with your remote hands
with your white hands
which send me to sleep
I fall asleep in your arms.

To the sacred city of Olympus
I go for the light
for the light of life
to the field of cypresses
at the top of the mountain.

Dream-love
holding your white hand
I will walk
the long path of eternity.

LONDON 1987

La última flor del estío

Lenta se duerme la tarde
en la magnitud del día
brincan las estrellas del mar
    en el eco suave del azul.

Las olas se tienden en las arenas
reflujos traen espermas marinas.

Gaviotas danzan en el aire
las flores se desnudan bajo el sol
sombras pasan rápidas
sobre las rocas impenetrables.

Es blanca y todo es blanco
en el templo de las rocas.

    Desea conocer
horizontes y océanos
más lejos de las playas húmedas.

Un día pasa
el aventurero de la capital.
Sus manos crueles
la arrancan de las fantasías del sol.

Diciembre en la distancia.
Las rocas blancas lloran la ausencia
de la última flor del estío.

La flor en el jarrón de cristal
acompaña al maniquí de una boutique
en una calle de Santiago.

Sueña con el azul y la cama cerca del mar
donde se abrió a las esencias de la vida.

COSTA AZUL, CHILE DICIEMBRE 1987

The last summer flower

Slowly the afternoon falls asleep
in the magnitude of the day
the stars of the sea bounce
        in the gentle echo of the blue.

The waves stretch on the sands
tides bring marine sperm.

Seagulls dance in the sky
the flowers undress under the sun
shadows quickly glide
over the impenetrable rocks.

She's white and everything is white
in the temple of the rocks.

        She wants to know
horizons and oceans
beyond the damp beaches.

The adventurer from the capital
passes one day.
His cruel hands
snatch her from dreams in the sun.

December in the distance.
The white rocks mourn the absence
of the last summer flower.

The flower in the crystal vase
is next to a mannequin in a boutique
on a street in Santiago.

She dreams of the blue and the bed near the sea
where she opened herself to the essence of life.

COSTA AZUL, CHILE DECEMBER 1987

La piedra de Pelequen

En la calle larga y sin nombre
polvorienta de tarde
un aromo de flores amarillas
se esconde del verano ardiente.

Vive la Peta en una casa de pino
de techo metálico
teñido de ocre invernal.

Debajo del colchón
está la piedra de Pelequen
la compró en el mercado
de los sábados.

Le ruega por los amores
que nunca sudaron
sus sabanas blancas.

La piedra de Pelequen
ploma
sagrada
y fría
indiferente a las lujurias carnales
recibe el dolor de sus lágrimas.

A Rancagua
el tren llega dos veces al día.

RANCAGUA, CHILE 1992

The stone of Pelequen

In the long anonymous street
covered in evening dust
an aromo with yellow flowers
hides from the burning summer.

Peta lives in a pinewood house
with metal roof
painted winter ochre.

Under her mattress
is the stone of Pelequen
she bought it
at the Saturday market.

She begs it for the lovers
who never dampened with sweat
her white sheets.

The stone of Pelequen
grey
holy
and cold
indifferent to carnal lusts
receives the sorrow of her tears.

To Rancagua
the train arrives twice a day.

RANCAGUA, CHILE 1992

La Noche de San Juan

Más arriba de los árboles
donde vuelan los pájaros
canta dos veces un Tue-Tue.

De la ausencia llegan tus ojos
buscando el secreto de la vida
en la flor de la higuera.

Enciendo dos velas
en un candelabro de plata.
No estoy solo
una ánima celosa
quiere sacarte de mis recuerdos.

Eres una ánima en pena
esperando melancólica
qué esperas que no llegas?
Gritas y gritas!
Las amenazas no me asustan
tengo un puñado de sal
y una fogata ardiendo.
De las alturas
te bajo cuando quiera!

Amigas de la noche
dancemos, bebamos
el alma del vino es alegre
ha llegado la medianoche.
La higuera florece misteriosa
con sus flores blancas.

No se si reírme
o mandarte al carajo!
Al final no eres más que una quimera
una noche de San Juan.

24 DE JUNIO, MELIPILLA, CHILE

Saint John's Night

Far above the trees
where the birds fly
a Tue-Tue sings twice.

Your eyes arrive from the emptiness
looking for the secret of life
in the flower of a fig tree.

I light two candles
in a silver candelabrum.
I am not alone
a jealous soul
wants to expel you from my memories.

You are a suffering soul
waiting melancholy
why are you waiting to come?
You shout and shout!
Your threats do not frighten me
I have a handful of salt
and a burning fire.
I will pull you down from the sky
whenever I want!

Friends of the night
let's dance, let's drink
the soul of wine is happy
midnight is here.
The fig tree flowers mysteriously
with its white flowers.

I don't know whether to laugh
or to send you to hell!
In the end you are no more than a chimera
one Saint John's night.

24 JUNE, MELIPILLA, CHILE

Luz de luna romana

Tengo un romance en el manzanar
es blanco
        y oloroso
sabe a manzanas
tiernas y maduras
          rojas y de fuego.

Amo el aroma a manzana
y azúcar morena
la profundidad del marfil
y la fragancia oculta
              en la sabrosa
transparencia de tu piel.

            Azahares
se abren en mis manos
                    puros
y desnudos como el cristal.

Y en un carnaval de flores
            y alegrías
pongo mis labios
en tus pétalos blancos.

En el manzanar
hay una manzana enamorada
            y clandestina.

Luz de luna romana
fuego que se derrama en mis labios.

LONDRES 1987

Roman moonlight

I have a romance in the orchard
white
   and fragrant
it tastes of apples
tender and mature
   red and on fire.

I love the aroma of apple
and dark sugar
the depth of ivory
and the fragrance hidden
    in the delicious
transparency of your skin.

    Apple blossom
opens in my hands
     pure
and naked like crystal.

And in a carnival of flowers
   and joy
I put my lips
in your white petals.

In the orchard
there is an apple in love
    and clandestine.

Roman moonlight
fire that spills on my lips.

LONDON 1987

Caja numeral Moneda

Te encontré en la estación Moneda
brillante
numeral
íntima
colgando en la muralla de todos.

Estás en mis manos
y en mis labios
recorro cada línea metálica
cada luz
que se refleja en tu piel
y en mis recuerdos.

Estás lejana, metálica
que fría te siento
te disco y te disco
y marco tus números
6953444... 695344...

Tono, tono, cincuenta pesos
ring, ring, ring
comunicación establecida
no estás... no estás!

Caja metálica numeral
en la muralla celeste
en la muralla de todos
te quedas
con las huellas de mis manos
el calor de mi aliento
y el deseo ardiente en tus venas.

SANTIAGO, CHILE 1992

Numeral box Moneda

I found you in Moneda station
shiny
numeral
intimate
hanging on everyone's wall.

You are in my hands
and on my lips
I feel every metallic line
every light
reflecting on your skin
and in my memories.

You are distant, metallic
you seem so cold
I dial you and I dial you
and I dial your numbers
6953444... 6953444...

Tone, tone, fifty pesos
ring, ring, ring
communication established
you're not there... you're not there!

Numeral metallic box
on the blue wall
on everybody's wall
you remain
with the feeling of my hands
the heat of my breath
and burning desire in your veins.

SANTIAGO, CHILE 1992

El fogón de barro

Mágicas chispas del carbón
vuelan en el tibio aposento.

Misteriosas y transparentes
se esfuman en la luz azul.

El cántaro está caliente
       las naranjas
              en rodajas
espera la botella de vino tinto.

Estremecido de amor
navego por crepúsculos.

       En la sagrada luz
de las naranjas
            y vino tinto
te desnudo esmeralda de luna.

Beso tu boca de fuego
acaricio tus pechos tiernos
rozo tu piel ardiente.

          Sílabas cortas
ponen en tu vientre
la suavidad de mis palabras.

Sagrada hechicera
      tus caderas eróticas
despiertan eternas y salvajes.

Dejo en el fogón de barro
el placer eterno
          a los que aman
en el ritual de la vida.

LONDRES 1986

The fireplace of clay

Magic sparks of coal
fly in the warm room.

Mysterious and transparent
they vanish in the blue light.

The jar is hot
        the oranges
                in slices
the bottle of red wine awaits.

Trembling with love
I sail through twilights.

        In the sacred light
of oranges
                and red wine
I undress you emerald of the moon.

I kiss your mouth of fire
I stroke your tender breasts
I caress your burning body.

                Short syllables
put in your womb
the gentleness of my words.

Sacred enchantress
        your erotic hips
awaken eternal and wild.

In the fireplace of clay I leave
eternal pleasure
                for those who love
in the ritual of life.

LONDON 1986

Mujer de la miel y el sol

Con sus ojos bien abiertos
promete la miel y el sol.
En los árboles cristalinos
la miel aún en los estambres azules.

Buscando la miel y el sol
vuelvo en silencio a sus jardines.
Con mis manos ardientes
quiero sumergirme en su luz
pero el día ya se ha escapado.

Las nubes se visten para la ocasión
todas de gris oscuro.
Gigantescas campanas anuncian su llegada
me abraza humeda y torrencial
sus rayos luminosos me devuelven
a las realidades de la vida.

Se va en luz y lágrimas
pero ya no estoy solo
estoy rodeado de caras amigas.
Olvidó que cada día
debo nacer para vivir
que debo vivir para caminar
que toda mi vida es para amar.

Mujer de la miel y el sol
déjame sembrar mis semillas
en tu vientre transparente
déjame cosechar la miel
de tu panal dorado.

Si mis manos no cosechan la luz
de los árboles cristalinos
el volcán borrará los senderos del sol
y las lluvias se llevarán la miel.

CHILE, DICIEMBRE 1993

Woman of the honey and sun

With her eyes wide open
she promises honey and sun.
On the transparent trees
the honey is still on the blue stamens.

Looking for honey and sun
I return in silence to her gardens.
With my burning hands
I want to immerse myself in her light
but the day has already fled.

The clouds dress for the occasion
all in dark grey.
Gigantic bells announce her arrival
she embraces me wet and torrential
her luminous rays bring me back
to the realities of life.

She departs in light and tears
but now I am not alone
I am surrounded by friendly faces.
She forgot that every day
I have to be born to live
I have to live to walk
that my whole life is for loving.

Woman of the honey and sun
let me sow my seeds
in your transparent womb
let me harvest the honey
of your golden honeycomb.

If my hands do not harvest the light
of the transparent trees
the volcano will erase the paths of the sun
and the rains will take the honey away.

CHILE, DECEMBER 1993

Las llaves de Cibeles

Doña quiero anunciarle
que he vuelto con ideas nuevas
    para el fin de semana.

Traigo las llaves de Cibeles
para abrir el templo de los pinos
y en la verde resonancia del bosque
    que el reloj diga la hora.

Sin miedo vestiremos de fuego
y un condón para el mediodía
ahora a beber un vaso de vino
    en una tarde para dos.

    Al crepúsculo
invitemos al piano y la guitarra
a prender velas rojas.

Esta noche
quiero desparramar tus rodillas
en las sabanas blancas
y dejar cenizas en las almohadas tibias.

    Al amanecer
quiero suspender tus calzones
    en la ventana
y antes de dormirnos
que la mañana termine sin preguntas.

El domingo dejaré piropos
en las almohadas dormidas.

Y cuando pase a otras dimensiones
no olvides que las coronas florales
tienes que enviarlas a mis enemigos.
Los homenajes mándenlos a Lucifer.

LONDRES 2001

Cybele's keys

Lady I want to tell you
that I have returned with new ideas
      for the weekend.

I bring Cybele's keys
to open the temple of pines
and in the green resonance of the forest
      let the clock tell the time.

Without fear we will dress in fire
and a condom at noon
now let's drink a glass of wine
      in an afternoon for two.

      At dusk
let's invite the piano and the guitar
to light red candles.

Tonight
I want to spread your knees
on the white sheets
and leave ashes on the warm pillows.

      At dawn
I want to hang your knickers
      in the window
and before we fall asleep
may the morning end without questions.

On Sunday I will leave endearments
on the sleeping pillows.

And when I pass to other dimensions
don't forget to send the wreaths
to my enemies.
The tributes send them to Lucifer.

LONDON 2001

Vestido de incógnito

Estoy vestido de incógnito
frente a la puerta
      que juntos cerramos.

Marchitos sus párpados
secos los labios húmedos
      su boca olvidó el sabor
      de los besos nocturnos.

La habitación deshabitada
vacía de olores carnales
      hay espacios
      en la ropa colgada.

Los colores del polvo
      tiran velos en el pasado.

Dejamos de conocernos
cuando limpió las sillas
      de pretextos.

Recuerdos van por las calles
y vuelve cada uno a mis ojos.

Aún atesoro
el pañuelo de las flores rojas
que se desdibujan en los años.

Juntos pasamos por el puente
del viejo camino
      el agua pasa rápida.

Los caballos caen agotados
      en la larga carrera.

Duro el pan en la mesa
las tazas están inmóviles.

LONDRES, AGOSTO 2004

Dressed in incognito

I am dressed in incognito
in front of the door
      we closed together.

Her wrinkled eyes
her damp lips dry
      her mouth forgot the taste
      of the nocturnal kisses.

The uninhabited room
empty of carnal smells
      there are spaces
      between the hanging clothes.

The colours of dust
      throw veils on the past.

We stopped knowing each other
when she cleaned the chairs
      of excuses.

Memories go through the streets
and each one returns to my eyes.

I still treasure
the scarf with the red flowers
fading with the years.

Together we crossed the bridge
of the old road
      water travels fast.

The horses fall exhausted
      in the long race.

The bread on the table is hard
the cups are still.

LONDON, AUGUST 2004

Cruzando túneles

Todo huele a fuego las palabras
zozobran en silencio
pasiones muerden con rabia
caen lágrimas de las miradas.

Cruzando túneles
encuentro luz en el calor de un hálito
y subo los peldaños sin orden
de la escala musical.

El tiempo desparrama lisonjas fáciles
duerme el equilibrio de la realidad
al atardecer
un coche dobla la esquina
la furia
escapa por un hueco de mi alma
y el ascensor para en el séptimo piso.

Voy con zapatos entreabiertos de agua
contingencias trascendentales
de quimeras extraviadas
incertidumbres de vagabundo perdido.

Desde aquí puedo distinguir
los contornos de una mujer solitaria
encerrada en una gruta de paja
bañada de sol
esperando el instante final.

Es mi destino
deambular a la orilla del camino
y encontrarla casi al ocaso.

LONDRES 1981

Crossing tunnels

Everything smells of fire words
sink in silence
passions bite with anger
tears fall from the glances.

Crossing tunnels
I find light in the heat of a breath
and I climb the irregular steps
of the musical scale.

Time scatters easy compliments
the equilibrium of reality sleeps
in the evening
a car turns the corner
anger
escapes from a hole in my soul
and the lift stops on the seventh floor.

I go with shoes half-open with water
transcendental contingencies
of stray chimeras
uncertainties of a lost vagabond.

From here I can see
the outline of a solitary woman
imprisoned in a grotto of straw
bathed in sunlight
awaiting the final moment.

It is my destiny
to wander on the edge of the road
and to find her almost at sunset.

LONDON 1981

Cercado de almohadas

Estoy cercado de almohadas
rodeado de palabras inútiles
la television encendida
y la luz amarillenta
de una ampolleta de cuarenta.

Sin disimulos sirve café
a la hora de hacer el amor.

Son esos instantes
en la monotonía de la vida
en que se apagan las intenciones
y el amor pasa al olvido.

Somos hijos de la tradiciones
tan antiguas como el fuego
la música de los cascabeles
y el sonido en mis manos.

Desde aquel crepúsculo
en que puse mis ojos
en la flor húmeda
y sonora
no pude romper la pétrea
resistencia de muros
y ecos.

Y así nos fuimos perdiendo
en la búsqueda imposible
del placer que se esconde
en las horas de cada día.

LONDRES 1985

Surrounded by pillows

I am surrounded by pillows
encircled by useless words
the television switched on
and the yellow light
of a forty-watt bulb.

She serves coffee matter-of-factly
at the time for making love.

These are the moments
in the monotony of life
when intentions are extinguished
and love passes to oblivion.

We are children of traditions
as ancient as fire
the music of rattles
and the sound in my hands.

Since that twilight
when I put my eyes
in her damp
and resonant flower
I could not break the stony
resistance of walls
and echoes.

And so we gradually lost each other
in the impossible search
for pleasure which hides
in the daily hours.

LONDON 1985

Una mesa y dos café

Sobre la mesa planetaria
dos café
las penumbras de una tarde
perdida en el cosmo
de mis recuerdos.

En aquel callejón solitario
en algún recodo de mi vida
está la misma pieza
habitada por días eternos.

Las sillas desaparecen
una a una
bajo las luces transparentes
del crepúsculo.

Inmóvil la rosa
polvorienta de tiempo
recuerdo aquella tu boca.

Dos café para una nostalgia.

En la mañana
sigo mi camino
por el mismo callejón solitario
y en mis sueños
sigo evocando la mesa
tú
y el café.

ST MARTIN IN THE FIELDS CAFE
LONDRES 1991

A table and two coffees

On the planetary table
two coffees
the shadows of an evening
lost in the cosmos
of my memories.

In that solitary street
in a corner of my life
is the same room
inhabited for everlasting days.

The chairs disappear
one by one
in the transparent lights
of dusk.

The still rose
dusty with time
I remember your lips.

Two coffees for a nostalgia.

In the morning
I continue on my way
along the same solitary street
and in my dreams
I remember the table
you
and the coffee.

ST MARTIN IN THE FIELDS CAFE
LONDON 1991

Mujer de los cañaverales

Hay un loto brillante en tu pelo
mujer de la paz en la noche sutil
madre de las manos tiernas
en días de trabajo fecundo.

Amasas el pan de cada día
cantan pájaros en los jardines
florecen limoneros fragantes
crecen esmeraldas luminosas
en los cañaverales verdes.

A cielos grávidos de ternuras
llegan aviones de guerra
ataca el ejercito extranjero
caen bombas
corre sangre por los ríos
mueren los peces dorados.

No los coroneles traidores
no la tecnología
pueden derrotar la mujer de los cañaverales.
El jazmín se multiplica
tus hijos se hacen invisibles.

El invasor y la muerte naranja
queman la humanidad
siembran dolor en los arrozales
destruyen la vida en las entrañas
napalm quema niños
y ciruelos en flor.

Madre que luchas por la pureza del agua
en libertad florecen los limoneros.

LONDRES 1997

Woman of the reeds

There is a bright lotus in your hair
woman of peace in the gentle night
mother of tender hands
on days of abundant work.

You knead the daily bread
birds sing in the gardens
fragrant lemon trees flower
luminous emeralds grow
in the green reeds.

To skies pregnant with tenderness
warplanes arrive
the foreign army attacks
bombs fall
blood runs in the rivers
the golden fish die.

Not the treacherous colonels
not the technology
can defeat the woman of the reeds.
The jasmine multiplies
your children become invisible.

The invader and orange death
burn humanity
sow suffering in the ricefields
destroy life in the womb
napalm burns children
and flowering plum trees.

Mother fighting for the purity of water
the lemon trees flower in freedom.

LONDON 1997

Cherry tree

Lágrimas riegan sus raíces
crece verde
maternal
libre entre los árboles
pájaros aman sus flores rosadas.

Recordamos el seis de agosto
de mil novecientos cuarenta y cinco
el año de la agonía.

Malditos los que dan la orden
hipócritas los que bendicen la bomba
y la muerte en Hiroshima.

Sólo segundos
la explosión
incinera madres y abuelas
niños en los brazos
árboles y pájaros
y el corazón de la humanidad.

Ciento setenta y siete mil
cuatrocientas cincuenta y siete personas.

El eco de la fanfarria
saluda la partida del héroe del aire
es agosto de mil novecientos noventa y dos
el Lord se lleva en el pecho
medallas al valor
bendiciones de los dioses de la guerra
y las maldiciones de la humanidad.

LONDRES, AGOSTO 1992

Cherry Tree

Tears water its roots
it grows green
maternal
free among the trees
birds love its pink flowers.

We remember the sixth of August
nineteen forty-five
the year of the agony.

Cursed are those who gave the order
hypocrites who blessed the bomb
and death in Hiroshima.

Only seconds
the explosion
incinerates mothers and grandmothers
children in their arms
trees and birds
and the heart of humanity.

One hundred and seventy-seven thousand
four hundred and fifty-seven people.

The echo of the fanfare
salutes the departure of the hero of the sky
it's August nineteen ninety-two
the Lord carries on his chest
medals of bravery
blessings from the gods of war
and the curses of humanity.

LONDON, AUGUST 1992

Estrellas amarillas

En la noche de los cristales rotos
fuego sube por las escaleras
entreabre espacios sin espejos
husmea en la sangre universal.

Marchan los uniformes negros
desaparecen ventanas y puertas
metralla corta el pan de la mesa
cercan mujeres y hombres
de paredones
y millones de altos y silencios.

Marcan los herederos de milenios
con tatuajes
y estrellas amarillas
números
y trenes en los rieles.
Rodeados de alambres de púa
día y noche sube la vida
por el humo de las chimeneas.

El odio asesina la humanidad
palabras no tienen sentido
muerte en códigos secretos
dolor y vacíos en el tiempo.

Abren los campos de la muerte
escriben crónicas en la historia
ocultan el dolor de las memorias.

Camino por el viejo mundo
otras caras con el mismo uniforme
otros territorios encarcelados
otros los muertos
el mismo sufrimiento en otras caras.

LONDRES, SEPTIEMBRE 2003

Yellow stars

On the night of the broken glass
fire rises up the stairs
opens spaces without mirrors
scents the universal blood.

The black uniforms march
windows and doors disappear
guns cut the bread on the table
they surround women and men
with walls
and millions of halts and silences.

They mark the heirs of millennia
with tattoos
and yellow stars
numbers
and trains on tracks.
Surrounded by barbed wire
day and night life rises
in the smoke of the chimneys.

Hatred murders humanity
words have no meaning
death in secret codes
suffering and emptiness in time.

They open the camps of death
write chronicles in history
hide the pain of memories.

I walk through the old world
other faces with the same uniform
other imprisoned territories
other dead people
the same suffering on other faces.

LONDON, SEPTEMBER 2003

Caprichos del tiempo

Son caprichos del tiempo
Ver al profeta universal
Caminar por el mar de Galilea

En las brumas de la historia
Se esfuman secretos filosóficos

En años de dolor eterno
Crecen las injusticias
Desaparecen los olivares
Aparecen casas de techos rojos
Fronteras fragmentan existencias
Cemento divide la humanidad

Odios crean odios
Prisiones ocupan los espacios
Bombas asesinan hermanos
La muerte vuela en helicópteros
En la frontera de la creación
La existencia cuenta un instante

Cierran la ventana de oriente
En occidente canta el gallo
Palomas pican el pasto
Vuelan gaviotas por tierras áridas

Son caprichos del tiempo
Ver al príncipe de la oscuridad
Caminar por tierras santas

Del profeta recuerdo sus palabras
Escondidas en libros santos
Parábolas de vida y muerte

GALILEA 1998

Whims of time

They are whims of time
To see the universal prophet
Walk on the Sea of Galilee

In the mists of history
Philosophical secrets vanish

In years of eternal suffering
Injustices grow
Olive groves disappear
Houses with red roofs appear
Frontiers fragment life
Cement divides humanity

Hatred creates hatred
Prisons occupy the spaces
Bombs assassinate brothers
Death flies in helicopters
On the frontier of creation
Life counts an instant

They close the window of the east
In the west the cock crows
Doves peck the grass
Seagulls fly through arid lands

They are whims of time
To see the prince of darkness
Walk through holy lands

Of the prophet I remember his words
Hidden in holy books
Parables of life and death

GALILEE 1998

El invierno de las uvas

No olviden septiembre
no olviden Shatila
las murallas heridas
tres noches y días
de dolor y muerte.

No olviden las milicias
decapitan
violan
cortan pechos
arrancan criaturas
de vientres maternos
asesinan mujeres
niños
ancianos
y hombres.

En nombre de Dios
los asesinos de las cruces
exterminan la humanidad.

El bulldozer disfraza huellas
y esconde la muerte
en fosas sangrientas.

Shatila
qué esconde el concreto quebrado
por qué hay estatuas retorcidas?

En el invierno de las uvas
no hay lágrimas.

SHATILA, BEIRUT JUNIO 1998

The winter of the grapes

Do not forget September
do not forget Shatila
the wounded walls
three nights and days
of suffering and death.

Do not forget the militias
decapitate
rape
cut off breasts
tear out babies
from maternal wombs
kill women
children
the elderly
and men.

In the name of God
the assassins of the crosses
murder humanity.

The bulldozer covers the tracks
and hides death
in bloody graves.

Shatila
what does the broken concrete hide
why are there twisted statues?

In the winter of the grapes
there are no tears.

SHATILA, BEIRUT JUNE 1998

Las riberas de Omdurman

Bajan las aguas del Nilo
por las riberas de Omdurman.

Sudores de milenios
navegan en las aguas rojas.

Círculos sustanciales
vuelven al punto original
siempre navegando
en ráfagas de viento seco.

Pueblos de vida silenciosa
flotan en océanos muertos
esperan en el polvo blanco
duermen en camas duras.

Miran doncellas inmóviles
las imágenes del pasado.

En arenas de árboles secos
debajo de techos plásticos
el polvo penetra pulmones.
Se evapora el sudor caliente
de las madres en espera.

Memorias del saqueo
esconden historias oscuras
de camellos en silencio
gritos de hienas
gemidos de los encadenados
en camino a los galeones.

Cuándo se irán de Omdurman
los gunga din de uniformes rojos?

OMDURMAN, SUDAN 1984

The banks of Omdurman

The waters of the Nile descend
on the banks of Omdurman.

The sweat of millennia
sails in the red waters.

Fundamental circles
return to the original point
forever sailing
in gusts of dry wind.

People of silent lives
float on dead oceans
wait on white dust
sleep on hard beds.

Impassive women look
at images of the past.

On sands of dry trees
under plastic roofs
dust penetrates lungs.
The hot sweat
of pregnant women evaporates.

Memories of the pillage
hide dark chronicles
of silent camels
screams of hyenas
cries of the shackled
bound for the galleons.

When will they leave Omdurman
the gunga din in red uniforms?

OMDURMAN, SUDAN 1984

Día de los sacrificios

Voy
transitando por las tierras
de las brumas permanentes
        limpio de pecados
libre
de prisiones etéreas.

Con mi sombrero en alto
te imploro viejo espectro
indulta a las víctimas.

Cautivas en celdas humanas
esperan la hora del sacrificio
visten trajes blancos
y coronas blancas.

Miro a sus ojos grandes
redondos y negros
hablamos en lenguajes
de amor y ternuras

de fiestas y alborozos
        y buenos deseos.

Al mediodía
a la hora de los rituales
dejo la dimensión
donde el cielo es oscuro
        y el piso de piedras.

MUMBAI, MARZO 2001

Day of the sacrifices

I travel
through the lands
of permanent mists
      free from sin
free
from ethereal prisons.

With my hat raised
I implore you ancient spirit
forgive the victims.

Captives in human cells
await the hour of the sacrifice
in white clothes
and white crowns.

I look into their wide eyes
round and black
we speak in languages
of love and tenderness

of celebrations and happiness
      and good wishes.

At midday
at the hour of the rituals
I leave the dimension
where the sky is dark
      and the floor of stone.

MUMBAI, MARCH 2001

Ojo diabólico

el calor se pega y resbala por mi piel
con odio atacan mosquitos invisibles
en la noche se escapa el aire
y vuelven olores a tierra podrida

           por la calle
de árboles agachados de polvo
caminan harapos sin dirección

en ese momento se calla la vida
y despierta el infierno de los perros
           aletean buitres
en las montañas de mierda
      ratas pardas
salen a caminar sin miedo
por entre las piernas
          de un grupo de dormidos

en el penthouse del piso alto
duerme en paz
el hombre del banco mundial
      a la distancia cruza el mar
      su carretera sin terminar

cansa el aire sucio de las horas lentas
me duermo con las mentiras de la TV
despierto con el clac clac de la risa
          de los pájaros negros

la ventana aún está oscura
                y al mirar el reloj
       me doy cuenta que sólo ha pasado
       una hora y cinco minutos
en la oscuridad
sigue mirando el ojo diabólico

MUMBAI, MARZO 2001

Diabolical eye

the heat sticks and runs down my skin
with hate invisible mosquitoes attack
at night the air escapes
and smells of rotting earth return

                in the street
of trees bent with dust
rags walk aimlessly

then life hushes
and the hell of dogs awakes
        vultures flap their wings
on the mountains of shit
       brown rats
walk fearlessly
between the legs
      of a group asleep

in the top floor penthouse
the man from the world bank
sleeps in peace
       in the distance the sea crosses
       his unfinished road

the dirty air of long hours is tiring
I fall asleep with the lies of the TV
I wake up to the clack clack of the laughter
        of the black birds

the window is still dark
          and when I look at the clock
      I realise only one hour
      and five minutes have gone by
in the dark
the diabolical eye keeps staring

MUMBAI, MARCH 2001

Danzan dragones en la noche

El azafrán amarillo no huele como el sagrado
jazmín que muere en su pureza original
a la luz del atardecer.

Llegó la última hora para el Kamaiya.
En lo alto de la pira el fuego santifica
en las riberas del río Gwar el fuego consagra.
Plegarias a otras dimensiones
no rompen las cadenas.

Si bebes de las aguas del río Gwar
memorias desaparecen en flores blancas y navegan
coronadas de velas amarillas al exilio más allá
de las llamas sangrientas.

No muestran el rostro los que esconden
la verdad detrás de las tradiciones.
En las nieblas heladas una procession
de blancos sadhus tira un manto de escalofríos.

Danzan dragones en la noche
llegan en agonía desde las tierras altas
tiran maldiciones de cristal en las tierras bajas.

Huellas petrifican soledades en rocas mojadas
y encadenan la humanidad a ríos torrenciales.

Manos partidas de tierra seca
pies de piel de cereal sangriento
ojos ocultos en montañas de años
la lluvia lava los pájaros del cielo.

Se aman los que venden esclavos
bestias que no escuchan los lamentos.

Lord Shiva, Lord Shiva, dónde estás?

NEPAL 1995

Dancing dragons in the night

The yellow saffron does not smell like the sacred
jasmine which dies in its original purity
in the evening light.

The Kamaiya's last hour has arrived.
On the high pyre fire sanctifies
on the banks of the River Gwar fire consecrates.
Prayers to other dimensions
do not break the chains.

If you drink the waters of the River Gwar
memories disappear in white flowers and sail
crowned with yellow candles to an exile beyond
the bleeding flames.

They do not show their faces those who hide
the truth behind traditions.
In the cold mists a procession
of white sadhus throws a mantle of shivering.

Dancing dragons in the night
arrive in agony from the highlands
throwing crystal curses on the lowlands.

Footprints petrify solitudes on wet rocks
chaining humanity to flowing rivers.

Cracked hands of dry earth
feet with skin of bleeding grain
eyes hidden in ancient mountains
the rain washes the birds of the sky.

They love each other those who sell slaves
beasts who do not hear the laments.

Lord Shiva, Lord Shiva, where are you?

NEPAL 1995

Tradiciones

el gran monzón penetra
hasta la gran intimidad de la razón
siempre vieja
la primera después de la otra
uno de mis temores iniciales
era encontrar todo listo
y perder el miedo
ese miedo que es como la marca
de un hierro candente en la frente
el día que penetré tus profundidades
empecé a vivir
avisé a todos de nuestra condición
y lo repetí un millón de veces
no olviden que hay otros ojos
que miran
que jusgan
que traspasan mil veces
que avisan
que no puedo beber leche de una primeriza
que no puedo poner mis ojos en tu clitoris
que no puedo penetrarte
aunque quieras y sea lo más querido
aun así quiero penetrar
las profundidades de otras vidas
consciente que tú eres la única
y qué importa si al final eres mía
y nos entendemos y entendemos
a los que entienden
que estás mirando
sintiendo
tocando
escuchando todo lo que ellos no pueden entender
que hemos nacido juntos
quién sabe hasta cuantas vidas

MUMBAI, MARZO 2001

Traditions

the great monsoon penetrates
as far as the great intimacy of reason
always old
the first after the other
one of my initial fears
was to find everything ready
and to lose my fear
that fear which is like the mark
of a red-hot iron on the forehead
the day I penetrated your depths
I began to live
I told everyone of our relationship
and I repeated it a million times
do not forget that there are other eyes
looking
judging
piercing a thousand times
warning
that I cannot drink milk from a novice
that I cannot put my eyes in your clitoris
that I cannot penetrate you
even though you want to and it is what you most desire
even so I want to penetrate
the depths of other lives
aware that you are the only one
and what does it matter since in the end you are mine
and we understand each other and we understand
those who understand
that you are looking
feeling
touching
hearing everything that they cannot understand
that we were born together
who knows how many lives ago

MUMBAI, MARCH 2001

La niña de Mumbai

De la mano de la madre
va la niña de Mumbai
con un zapato
camina por las piedras.

En los escaparates
hay zapatos blancos
todos de cuero
siempre blancos.

La señora tiene dólares
compra zapatos amarillos
vestidos amarillos
perfumes de Dior.

Al atardecer viste de azul
zapatos azules
tacos altos
pañuelo azul
de seda transparente.

Por las calles de Mumbai
caminan niños sin zapatos.
Por qué los zapatos de los pobres
siempre cuestan más caros?

MUMBAI, MARZO 2001

The girl of Mumbai

Holding her mother's hand
the girl of Mumbai
walks with one shoe
on the stones.

In the shop windows
there are white shoes
all of leather
always white.

The lady has dollars
buys yellow shoes
yellow dresses
Dior perfumes.

In the evening she dresses in blue
blue shoes
high heels
blue scarf
in transparent silk.

On the streets of Mumbai
children walk without shoes.
Why do the shoes of the poor
always cost more?

MUMBAI, MARCH 2001

Rosa de Bahía

          nace
sin apellidos un día incierto
la ternura maternal su única amiga.

Del prohibido jardín
duendes amigos traen rosas blancas
y pintan su vestido de niña.

        Su madre
desaparece en las calles de Bahía.

Perros de la policía federal
la secuestran de los bulevares
      y con dolor eterno
      marcan sus pechos.

Caballeros la llaman prostituta
compran su hambre y soledad
y no dejan que las flores
florezcan en su corazón.

Dónde está el amor que toman de su vida
los que compran amor en noches sin amor?

Una noche perdida en Bahía
nos encontramos en la plaza
      de los faroles amarillos.
Hablamos
de su vida y de los otros niños
perdidos en noches sin hogar.

Se queda sola desafiando la vida
con la huella del cuchillo en sus brazos.

BAHIA, BRASIL 1987

Rosa of Bahia

                is born
an unknown day without surnames
maternal tenderness her only friend.

From the forbidden garden
friendly gnomes bring white roses
and paint her child's dress.

                Her mother
disappears in the streets of Bahia.

Dogs from the federal police
kidnap her from the boulevards
      and mark her breasts
      with eternal pain.

Gentlemen call her a prostitute
buy her hunger and loneliness
and do not allow flowers
to blossom in her heart.

Where is the love they take from her life
those who buy love on nights without love?

A lost night in Bahia
we met in the square
      of the yellow lights.
We spoke
of her life and of the other children
lost on homeless nights.

She remained alone defying life
with the scars of the knife on her arms.

BAHIA, BRAZIL 1987

Siete panes y dos peces

En lo alto de la creación
siete panes
y dos peces

multiplican
el hambre de cada día.

LONDRES 1994

Seven loaves and two fish

In the highest of creation
seven loaves
and two fish

multiply
daily hunger.

LONDON 1994

La diferencia

\ cuál es la diferencia
entre la permanencia del átomo
y el hambre permanente
pregunta el Primer Ministro
de Su Majestad

LONDRES 2004

The difference

what is the difference
between the permanence of the atom
and permanent hunger
asks Her Majesty's
Prime Minister

LONDON 2004

Puertas de hierro

hay puertas cerradas
y puertas como puertas de hierro
sólo las abre el hábito

abren las puertas de hierro
sonríe la hermana de la caridad
de caridad no hay nada
en las manos frías

aparecen niños y otros niños
mujeres y mujeres
hombres y otros hombres
niños y más niños

abren otra puerta de hierro
sonríe la hermana de la caridad
de caridad no hay nada
detrás de las murallas de los olvidados

mujeres olvidadas y escondidas
nadie sabe como se llaman
las mujeres encarceladas

abren la puerta de hierro
sonríe la hermana de la caridad
de caridad no hay nada
y cierran la puerta de hierro

MAKELLE, ETIOPIA OCTUBRE 2004

Iron gates

there are closed gates
and gates like iron gates
only habit opens them

they open the iron gates
the sister of charity smiles
there is no charity
in the cold hands

children appear and other children
women and women
men and other men
children and more children

they open another iron gate
the sister of charity smiles
there is no charity
behind the walls of the forgotten

women forgotten and hidden
nobody knows the names
of the imprisoned women

they open the iron gate
the sister of charity smiles
there is no charity
and they close the iron gate

MAKELLE, ETHIOPIA OCTOBER 2004

Raíces de fuego

En la harmonía de la luz
Zephyrus y Flora
coronan el sol de flores y amores.

Engalanada de banderas y cruces
de la Europa imperial
llega la corbeta
majestuosa
con su carga de santos y profetas
cañones y avaricias.

Vulcano, padre del fuego
no quemó los pétalos y sus colores
y no derramó el ánfora del dulce nectar.

Los barbaros extrangeros
plantan las montañas de manzanas
y profundas y tristes heridas.
Crecen amargas las uvas
envasan los vinos blancos
y brindan con rojos brillantes.

Galopan los generales
en sus trágicos caballos de bronce,
los invasores
llegan con las injusticias de sus látigos
la musica de sus violines
el orden de la pólvora
la opresión de milenarios prejuicios.

Como rayos maléficos
blancos caballeros de la muerte
llegan cortando corazones
con sus espadas metálicas.

Cape of Good Hope...
estandarte sanguinario
apocalipsis y tiranía del silencio.

Roots of fire

In the harmony of light
Zephyrus and Flora
crown the sun with flowers and love.

Decked with flags and crosses
from imperial Europe
arrives the corvette
majestic
with its cargo of saints and prophets
cannons and greed.

Vulcan, father of fire
did not burn the petals and their colours
nor did he spill the amphora of sweet nectar.

The foreign barbarians
plant the mountains with apples
and deep and sorrowful wounds.
The grapes grow bitter
they bottle the white wines
and toast with the bright reds.

The generals gallop
on their tragic horses of bronze,
the invaders
arrive with the injustices of their whips
the music of their violins
the order of gunpowder
the oppression of millennial prejudices.

Like evil rays
white knights of death
arrive cutting hearts
with their metallic swords.

Cape of Good Hope...
bloody standard
apocalypse and tyranny of silence.

Al paso de bestias en uniforme
tiemblan las aldeas
lloran los niños
esclavizan la humanidad.

Paganos vestidos de negro
y pelucas blancas
imponen el orden universal
el dios del oro y de la ganancia
el miedo del sacrificio
y después del martírio
la fábula.

En las montañas y en los llanos
se levanta el espíritu de las lanzas
defienden la vida de las madres
el futuro de los hijos.

Santo Malan, vicario de los monopolios
profeta maldito
impone el orden divino del apartheid.
Y de la tierras blancas
nace Egoli ciudad del oro.
A mis hermanos se los traga la tierra
y el hombre se hace oro y diamantes.

Del exilio nace Soweto
tierra heroica y prisionera
en tus territorios
disparan la metralla
al corazón de tus hijos.

Con el dolor del exilio
plantan Welcomewood
prisión más allá de las cumbres
donde todo es rocas y soledad.
En la desolación de las tempestades
pagan el diezmo diabólico.

En Alexandra hay que caminar y caminar,
y sobreviven la embestida de los búfalos.

At the step of beasts in uniform
villages tremble
children cry
they enslave humanity.

Pagans dressed in black
and white wigs
impose the universal order
the god of gold and profit
the fear of the sacrifice
and after the suffering
the myth.

In the mountains and on the plains
the spirit of the spears rises
they defend the lives of the mothers
the future of the children.

Saint Malan, vicar of monopolies
cursed prophet
imposes the divine order of apartheid.
And from the white lands
Egoli city of gold is born.
Earth swallows my brothers
and man becomes gold and diamonds.

From exile Soweto is born
heroic and imprisoned land
in your territories
they fire their guns
at the hearts of your children.

With the suffering of exile
they plant Welcomewood
prison beyond the mountains
where everything is rocks and solitude.
In the desolation of the storms
they pay the diabolical tithe.

In Alexandra you walk and walk
and they survive the charge of the buffaloes.

Sharpeville dice no a las fronteras internas
no a las paredes de alambres de púas.

En las playas de Crossroads
sólo hay caminos al océano
para los campesinos
sin tierras y sin redes.

Desde sus torres de cristal
jueces encadenan las palabras.
Murallas encarcelan el mar
y lo bautizan Robben Island.

La raza superior pide perdón.
Mea culpa...! Mea culpa...!
Perdonarlos en su soberbia?
Los pueblos perdonan
pero nunca deben olvidar.

Nunca olvidemos
que la libertad de los pueblos
no se logra en templos extrangeros.

Por centurias son ríos subterráneos
puros y transparentes
que se escapan del cauce
y libre corren por los surcos de la tierra.

Mientras caminan por la luna
las palabras se escapan de la prisión
clandestinas se juntan
en pequeños haces de luz
fulgurantes iluminan la humanidad.

Dos línéas cruzan la nación
se multiplican en milliones
de manos y voces.
La libertad crece de las ancestrales
raíces de fuego.

AFRICA DEL SUR 1994

Sharpeville says no to internal frontiers
no to walls of barbed wire.

On the shores of Crossroads
there are only paths to the ocean
for the farmers
without land and without nets.

From their crystal towers
judges enchain words.
Walls imprison the sea
and they baptise it Robben Island.

The superior race begs for forgiveness.
Mea culpa...! Mea culpa...!
Forgive them for their arrogance?
People forgive
but should never forget.

Let us never forget
that the freedom of people
cannot be obtained in foreign temples.

For centuries they are underground rivers
pure and transparent
which escape from their course
and run free through the furrows of the land.

While they walk on the moon
words escape from the prison
clandestine they unite
in little beams of light
shining they enlighten humanity.

Two lines cross the nation
they multiply into millions
of hands and voices.
Freedom grows from the ancestral
roots of fire.

SOUTH AFRICA 1994

Sueño americano

Ilusiones de la vida.
Afuera un lindo día de verano
        diversiones en las ventanas
esqueletos de los árboles
      danzan
              en el viento.

En la puerta
del Océano Atlántico
        la Estatua de la Libertad
sonríe la vieja dama
del sueño capitalista.

Es primer amor
      con la prostituta
        de la alta sociedad
viste de blanco
en la estrella de la mañana.

Sonrisas para los polacos!
Disparen a los chicanos!
      Afuera los latinos!

En Los Angeles
ángeles blancos vestidos de azul
        gritan, 'Golpeen
golpeen los negros!'

No hay justicia para King.

No voy contigo
      a la luna
ni volaré al sueño americano.

Prefiero
sentarme en el toilet
      a esperar el fantasma del agua.

ABRIL 1993

American dream

Life's illusions.
Outside a fine summer day
        fun in the windows
skeleton trees
        dancing
                in the wind.

At the door
of the Atlantic Ocean
        the Statue of Liberty
smiles the old lady
of the capitalist dream.

It's first love
        with the prostitute
        of high town
she dresses in white
in the morning star.

Smiles for the Polish!
Shoot the Chicanos!
        Out los Latinos!

In Los Angeles
white angels dressed in blue,
        shout, 'Beat,
beat the Blacks!'

There is no justice for King.

I won't go with you
        to the moon
nor fly to the American dream.

I prefer
to sit in my bathroom
        to wait for the water ghost.

APRIL 1993

Miren al cielo

Danzan OVNIs fálicos sobre Babilonia
buscan el Estado de Loveland
el filósofo
una muñeca blanca
viste como Dios
su pene dispara a matar las rosas rojas.
Sexo no es verdad!
HIV no existe!

Desde la corte del infierno
Satán eyacula odios religiosos
el maestro
espera instrucciones de Dios
danza en círculos
sus labios disparan rocas.

No está solo en la noche
danza en círculos
dispara a matar a lo profundo de la luna
danzan telas blancas
la araña desnuda espera en la esquina
el ministro carismático
dice, sálvense!

Tomen el tren a Dios!

Escondidos a la vuelta de la esquina
la araña y el clérigo blanco
danzan en círculos
y la luna pierde su virginidad.

En Babilonia tierra del amor
mi espíritu siempre usa
un sombrero debajo del sol.

LONDRES, ABRIL 1993

Watch the skies

Dancing phallic UFOs over Babylon
looking for the State of Loveland
the philosopher
a white doll
dresses like God
his penis shoots to kill the red roses.
Sex is not true!
HIV doesn't exist!

From hell's court
Satan ejaculates religious bigotry
the master
awaiting instructions from God
dancing round in circles
with lips shooting stones.

He is not alone in the night
dancing round in circles
shooting to kill deep inside the moon
dancing white webs
the naked spider waiting in the corner
the charismatic minister
is telling you, save yourself!

Take a train to God!

Hidden round the corner
the spider and the white minister
dance round in circles
and the moon loses her virginity.

In Babylon the land of love
my soul always wears
a hat under the sun.

LONDON, APRIL 1993

Espadas verdes en Roma

Santos blancos con espadas verdes
cuidan el reloj de Roma
tocan una campana
y dos pequeñas.

Santos blancos con espadas verdes
vigilan la castidad de Roma
con metralletas
y cruces en la cintura.

San Pedro reparte llaves de la virginidad
y esconde los globos mágicos
vírgenes se bajan las faldas
sin el pecado original.

Arcángel Gabriel levanta la cruz
y del susto salen esqueletos
corriendo por la Vía Sacra.

Caligula prende un cigarro
y los carceleros
del Castel Sant'Angelo
cierran las puertas al paraíso.

Julio Cesar retorna en motoneta
del aire acondicionado
se bajan tres fat yankees
tapan con dólares la Fontana di Trevi
y dan de comer hot dogs
a la Bocca della Verità.

Nerón se columpia en un pedestal
una donna baffuta se pinta la boca
il cocco di mamma toma un cappuccino
leones del circo cenan en los arcos amarillos.

ROMA 1995

Green swords in Rome

White saints with green swords
guard the clock of Rome
and ring one bell
and two little ones.

White saints with green swords
protect Rome's chastity
with machine guns
and crosses on their waist.

Saint Peter distributes virginity keys
and hides the magic balloons
virgins lower their skirts
without original sin.

Archangel Gabriel raises his cross
and from the shock skeletons emerge
running on the Via Sacra.

Caligula lights a cigar
and the jailers
of Castel Sant'Angelo
close the doors to paradise.

Julius Caesar returns on a moped
three fat yankees descend
from the air conditioning
cover the Trevi Fountain with dollars
and feed hot dogs
to the Bocca della Verità.

Nero swings on a pedestal
una donna baffuta paints her mouth
il cocco di mamma has a cappuccino
circus lions dine in the yellow arches.

ROME 1995

Materias y dialécticas

Colón planta un huevo en la mesa
y crece un árbol de huevones.
Para el Señor todo es perpetuo
y cierra las puertas del templo.

Florecen los cielos en diciembre
expertos descubren siete dioses
siete noches para alcanzar el paraíso
a los agoreros y los santurrones
que los salve Santa América.

Los filósofos de Elea imprimen la razón
en el espíritu de la humanidad
piadosos prueban sustancias carnales
en tavernas olorosas a las orillas del Tiber.

Minerva destapa vacíos en la historia
los soviéticos mandan un sputnik al cielo
entran en órbita al mediodía
Laika levanta la pata
y mea la luna
les botan la muralla de Berlín
y pierden la guerra fría.

Copernico desafía las bulas papales
y descubro la dialéctica en tus brazos.
Le confieso al sumo sacerdote
el pecado original se abre en mis manos
como una naranja fresca.

Recostada en siete tálamos
desnuda de los siete velos
descubro las siete materias de tu cuerpo
el ser o no ser
no es materia en discusión.

ROMA 1995

Matters and dialectics

Columbus plants an egg on the table
and a tree of idiots grows.
For the Lord everything is perpetual
and he closes the doors of the temple.

Skies blossom in December
experts discover seven gods
seven nights to reach paradise
the soothsayers and the sanctimonious
may Saint America save them.

The philosophers of Elea stamp reason
on the spirit of humanity
the pious try carnal substances
in fragrant taverns on the banks of the Tiber.

Minerva uncovers gaps in history
the Soviets send a sputnik into the sky
they go into orbit at midday
Laika lifts her leg
and pisses on the moon
the Berlin Wall is knocked down
and they lose the cold war.

Copernicus defies the papal bulls
and I discover dialectics in your arms.
I confess to the high priest
original sin opens in my hands
like a fresh orange.

Lying on seven thalami
naked of your seven veils
I discover the seven matters of your body
to be or not to be
is not a matter in discussion.

ROME 1995

Un sabado en Portobello

Caminar
un sábado en Portobello

es
atrapar memorias olvidadas

sumirse
en misterios del pasado
        en mundos de fábulas
            y cachivaches

tropezar
con fantasmas danzando
        al compás de amores locos.

Genios venden fantasías
y perfumes
        en botellas universales

mercaderes
        trafican elefantes
y tesoros del templo de Salomón.

En la esquina
        de una mesa descolorida
candelabros perfumados
        queman historias de amor.

Para el deleite
de los nouveaux riches
        hay basura
        plateada en alquimias falsas.

Sudor rancio en uniformes militares
trajes grandes para hippies desnutridos.

Una anciana evoca
melodías que nadie recuerda.

Saturday in Portobello

To walk
on a Saturday in Portobello

is
to catch forgotten memories

to immerse oneself
in mysteries of the past
      in worlds of myths
           and junk

to bump into
ghosts dancing
      to the rhythm of crazy loves.

Genies sell dreams
and perfumes
      in universal bottles

merchants
      trade in elephants
and treasures from Solomon's temple.

On a corner
      of a discoloured table
scented candelabra
      burn love stories.

For the pleasure
of the nouveaux riches
      there is rubbish
      plated in false alchemies.

Rancid sweat in military uniforms
oversize suits for undernourished hippies.

An old lady evokes
melodies nobody remembers.

Ondulándose
                al tic tac del reloj
toca el desvencijado gramófono
peniques
        danzan
                en el sombrero.

Sin razón sonríe la muñeca rubia
desde un escaparate desordenado.

El hombre del gorro
toca un viejo órgano
y su mono aburrido ofrece
        fotos a los paseantes.

Un loro verde
        y su pirata falso
        sacan la suerte
                a enamorados tristes.

Polifacética es la maraña de idiomas
compañía eterna de zapatos gastados.

Portobello
territorio de los recuerdos
        tus adoquines
                guardan mi eterno caminar.

LONDRES 1980

Swaying
>	to the ticktock of a clock
a rickety gramophone plays
pennies
>	dance
>	>	in the hat.

For no reason a blond doll smiles
from an untidy shop window.

The man with the hat
plays an old organ
and his bored monkey
>	offers photos to passers-by.

A green parrot
>	and his false pirate
>	read the fortunes
>	>	of sad lovers.

Multifaceted is the tangle of languages
eternal company of worn shoes.

Portobello
territory of memories
>	your cobblestones
>	keep my eternal wandering.

LONDON 1980

La ciudad de los cíclopes

En la ciudad de los cíclopes
hay caras
y ojos atisbando.

Pasa el Támesis
mensajero de las tierras verdes
emigrante eterno a mares calientes
carga mensajes del frío.

Vivo en las calles del este
Brick Lane
donde el asfalto
llora la pérdida
de las ardientes profundidades.

Cíclopes vienen y aparecen
pasan en buses rojos
dos pisos de rostros ausentes
y un solo ojo
abrazados al sol.

En una esquina de Kensington
chicas de la página tres
alegres cuelgan su desnudez
se burlan de los deseos
suprimidos
en oscuros santuarios victorianos.

Titulares inmortalizan la ignorancia
en silencio transitan autos
aplastando sombras tranquilas
ojos eléctricos
siguen mi deambular
por calles enlutadas.

De una puerta se escapan tus ojos.

LONDRES 1995

The city of the cyclopes

In the city of the cyclopes
there are faces
and eyes watching.

The Thames goes by
messenger of green lands
eternal emigrant to warm seas
carrying messages from the cold.

I live in the streets of the east
Brick Lane
where the asphalt
weeps for its lost
burning depths.

Cyclopes come and appear
they go past on red buses
two decks of absent faces
and a single eye
hugging the sun.

In a corner of Kensington
page three girls
cheerfully display their nakedness
and laugh at desires
suppressed
in dark Victorian sanctuaries.

Headlines immortalize ignorance
cars move in silence
flattening peaceful shadows
electric eyes
follow my wandering
through streets in mourning.

From a door your eyes escape.

LONDON 1995

Octubre

Vuelven los cortadores a Thornby Road
con sus caras hurañas
cierras eléctricas
y manos enguantadas
en plástico amarillo.

Leñadores mecánicos
suben por escaleras metálicas
cortando rama por rama.

Con venganza
los hombres de las maquinas
cortan los últimos vestigios del estío
y desalojan los pájaros
en una ráfaga
sonora de reclamos.

El filo de la cierra eléctrica
corta, tortura
derrama las menudas
y blancas profundidades
de la vida verde
desafiantes se van las últimas hojas.

El viejo árbol
lanza sus brazos al aire
desnudo en las sombras del invierno
solo en la calle sin pájaros.

Por su cara arrugada
corren lágrimas verdes.

LONDRES, OCTUBRE 1998

October

The cutters return to Thornby Road
with their unfriendly faces
electric saws
and hands gloved
with yellow plastic.

Mechanical woodmen
climb metallic ladders
cutting branch by branch.

With vengeance
the men of the machines
cut the last traces of summer
dislodging the birds
in a loud burst
of complaints.

The blade of the electric saw
cuts, tortures
scatters the tiny
white inner soul
of green life
defiantly the last leaves go.

The old tree
hurls his arms in the air
naked in the winter shadows
alone in the street without birds.

Green tears
run down his wrinkled face.

LONDON, OCTOBER 1998

La calle al parque

En la fría mañana otoñal
reclama el automóvil del vecino.

Pasa el lechero de puerta en puerta
reparte botellas de tapas rojas
        blancas y las color plata.

El perro pedigree lleva al parque
al hombre de la cara hostil.

Rápido taconea la mujer
con cara de haber sobrevivido
        naufragios vivenciales.

Hoy aparecen cadenas en la puerta
de la casa abandonada.

Vuelven funcionarios del council
a incomunicar la casa vecina
los ocupantes temporales
        se van con sus bolsas
a ocupar otros espacios vacíos.

Transiciones del tiempo
desnudan los árboles en la calle
        al parque de los perros.

Como todos los años en la época
se van los pájaros justo a la hora.
Y las sombras son más cortas
cuando la última rosa amarilla
se esconde detrás de la muralla.

Y sigo caminando
con el paraguas a medio abrir.

LONDRES 1999

The road to the park

In the cold autumn morning
the neighbour's car complains.

The milkman goes from door to door
distributing bottles with red
      white and silver tops.

The pedigree dog takes to the park
the man with the hostile face.

The woman walks quickly tapping her heels
looking as if she survived
      existential shipwrecks.

Today chains appear on the door
of the abandoned house.

Bureaucrats from the council return
to block up the house next door
the temporary squatters
      leave with their bags
to occupy other empty spaces.

Transitions of time
undress the trees on the road
      to the park of the dogs.

As every year in this season
the birds leave just in time.
And the shadows are shorter
when the last yellow rose
hides behind the wall.

And I continue walking
with my umbrella half-open.

LONDON 1999

Homicidio, petición a testigos

Del homicidio
letras en un aviso amarillo
en la calle.

La hora, 10.25 pm
un hombre vietnamita
es agredido brutalmente.
El lugar, Clerkenwell Road
al frente de Turnmills nightclub.

Quién lo agredió,
un hombre blanco de 30 años
5'8" de altura y pelo oscuro.

Vió
o escuchó algo?

PUEDE USTED AYUDAR?
En la más estricta confidencia
incidente RM 020 7321 7228
o llame a la P/STN
o llame Crimestoppers
al 0800 555 111.

El hombre vietnamita
no conocemos su nombre
edad o dirección
vive solo o con su familia
quién sufre por él?

Sus esperanzas
sus sueños
desaparecen en la brutalidad del ataque.

PUEDE USTED AYUDAR?

LONDRES, MAYO 2000

Witness appeal, murder

Of the murder
letters on a yellow sign
in the street.

The time, 10.25 pm
a Vietnamese man
viciously assaulted.
The place, Clerkenwell Road
opposite Turnmills nightclub.

Who assaulted him,
a white man in his 30s
5'8" tall with dark hair.

Did you see
or hear anything?

CAN YOU HELP?
In strictest confidence
incident RM 020 7321 7228
or call at local P/STN
or call Crimestoppers
on 0800 555 111.

The Vietnamese man
we do not know his name
age or address
did he live alone or with his family
who is grieving for him?

His hopes
his dreams
vanished with the brutality of the attack.

CAN YOU HELP?

LONDON, MAY 2000

Timoteo

Timoteo está solo en el frío
perdido en una bolsa plástica
residuo de la época en Compton Road
para el camión de los viernes
que recoge la basura semanal.

Recuerda mundos orientales
sueños tiernos
el sabor a bambú verde
en la foresta virgen
las manos de los niños
trabajando en el taller.

Recuerda la suave almohada
antes de dormir
gatos maullando en la ventana
fantasmas de medianoche.

Sin voz
piel desnuda de color
rodillas rotas
pies descalzos
ciego desde la última rabieta
del niño mimado
el juguete favorito
pasa del amor al olvido.

LONDRES, ENERO 2000

Timoteo

Timoteo is alone in the cold
lost in a plastic bag
residue of an era in Compton Road
for the Friday lorry
which collects the weekly rubbish.

He remembers oriental worlds
tender dreams
the taste of green bamboo
in the virgin forest
the hands of the children
working in the factory.

He remembers the soft pillow
before falling asleep
cats mewing at the window
midnight ghosts.

Voiceless
faded skin
broken knees
barefoot
blind from the last tantrum
of the spoilt brat
the favourite toy
passes from love to oblivion.

LONDON, JANUARY 2000

La princesa de Oxford Street

Es la hora de ir al pub
indiferentes apagan la luces
cierran con ruidos sordos
las oscuras puertas metálicas.
Sombras se escurren por Oxford Street
con la rigidez de los maniquíes.

De qué reino viene
pregunta un transeúnte
nadie contesta
y caminan a la oscuridad.

Sabe que todos la miran
por el ojo de sus propias cerraduras
pretenden que no existe.

La princesa sueña con jardines
donde las rosas florecen en invierno.
En un instante fugaz
se posa un pájaro desconocido
en la soledad de la calle.

Es el amante de las últimas semanas
sabe que estará con ella
hasta que la lluvia se lo lleve
no importa que no hable
el caballero elegante
le sonríe desde la altura
de hombre importante.

Despierta sola
en la madrugada de enero
el ha desaparecido de la muralla.

LONDRES, AGOSTO 1994

The princess of Oxford Street

It's time to go to the pub
indifferent they turn off the lights
and lock the dark metallic shutters
with a thud.
Shadows glide along Oxford Street
stiff as mannequins.

Which kingdom is she from
asks a passer-by
nobody answers
and they walk into the darkness.

She knows everyone is looking at her
through their own keyholes
they pretend she doesn't exist.

The princess dreams of gardens
where roses flower in winter.
In a fleeting instant
an unknown bird lands
in the solitude of the street.

He's her lover of the last few weeks
she knows he will be with her
until the rain takes him away
it doesn't matter that he doesn't speak
the elegant gentleman
smiles from the height
of important man.

She wakes up alone
in the January dawn
he disappeared from the wall.

LONDON, AUGUST 1994

La noche más larga

Rápidas se acercan las muñecas
saltan, llaman, odian
beben biberón y mean.
Princesas desaparecen misteriosas
castillos encantados se derrumban.

Camino por Oxford Street
tarjetas plásticas en bolsillos vacíos
la imaginación repleta de sueños
pascueros profesionales
con sus barbas falsas.

La noche más larga se acerca
veinte y cuatro de diciembre.

Brillan las nubes
fantasías nostálgicas
los dioses en el árbol.

Salto el abismo
abrazo una poza oscura
y tiro azúcar a los humanos.

Agua blanca cae en mis manos
fría como invierno
la enigmática diosa nocturna
se ríe de los enamorados.

Cuántas veces he dicho
no creo en ilusiones
compradas a plazo.
De la noche más larga
nada queda al día siguiente.

LONDRES, DICIEMBRE 1999

The longest night

The dolls come quickly
jump, shout, hate
drink from the bottle and wee.
Princesses mysteriously disappear
enchanted castles fall down.

I walk along Oxford Street
plastic cards in empty pockets
my imagination full of dreams
professional Father Christmases
with their false beards.

The longest night is approaching
twenty-fourth of December.

The clouds are shining
nostalgic fantasies
the gods on the tree.

I jump across the abyss
hug a dark pond
and throw sugar to the humans.

White water falls on my hands
cold as winter
the enigmatic night goddess
laughs at the lovers.

How many times have I said
I do not believe in illusions
bought in instalments.
Of the longest night
nothing remains the following day.

LONDON, DECEMBER 1999

Noche de las fanfarrias

Llueve en el día del dios Sol
nubes grises bajan de los cielos
galopan caballos de cristal
ángeles
traen tormentas de frío oropel.
En la noche de las fanfarrias
de esquinas frías
y humo de cartón
mercaderes
venden ilusiones doradas
sueños clericales
nacimientos sin niños
en árboles plásticos.
El fariseo
de levita negra y pelón rojo
en su letanía de hombre sagrado
se viste de paz.
En nombre de las santas alturas
levanta su mano
bendice la hipocresía
bendice las guerras
y el hambre de los niños.
Condena mujeres de manos blancas
que en el ocaso
lavan las mentiras de los sudarios.
Surge la fábula
de la fatuidad de los templos
y baja por las calles
de sueños sin esperanzas.
En la pieza oscura de los engaños
una capa harapienta me entibia la razón
veinte y cinco de diciembre
dios Sol desaparece del firmamento.

LONDRES, NAVIDAD 1987

Night of the fanfares

It's raining on the day of the Sun god
grey clouds descend from the skies
horses of crystal gallop
angels
bring storms of cold tinsel.
On the night of fanfares
of cold street corners
and smoke of cardboard
merchants
sell golden illusions
clerical dreams
cribs without children
in plastic trees.
The pharisee
in black frock coat and red hat
in his litany of holy man
dresses in peace.
In the name of the holy heavens
he raises his hand
blesses hypocrisy
blesses wars
and children's hunger.
He condemns women with white hands
who at sunset
wash lies from the shrouds.
The myth rises
from the fatuity of temples
and descends the streets
of dreams without hope.
In the dark room of deceits
a ragged cape warms my thoughts
twenty-fifth of December
Sun god disappears from the firmament.

LONDON, CHRISTMAS 1987

Navidad en Peixinhos

Ding dong bell, ding dong bell
toquen las campanas
es Navidad en Peixinhos.

                              Nació un niño
                              muchos niños
                              en casas de cartón
                              en casas de latón.

En Peixinhos nació el Niño
hijos del amor
hijos del dolor.

                              Toquen las campanas
                              en Peixinhos no hay estrellas
                              que guíen los Tres Reyes Magos.

Callen campanas
llora la madre
llora a su niño
en sus brazos el hijo.

                              Por la Rua do Cóndor
                              la madre camina
                              en sus brazos el niño
                              camina con dolor
                              en sus brazos el niño.

La madre, los vecinos
y el cura rezan por el niño
rezan por los niños
que no saben de Navidades.

                              Las campanas repican en la distancia
                              ding dong bell, ding dong bell
                              es Navidad en Peixhinos.

PEIXINHOS, RECIFE, BRASIL 1987

Christmas in Peixinhos

Ding dong bell, ding dong bell
ring the bells
it's Christmas in Peixinhos.

>A child is born
>many children
>in houses of cardboard
>in houses of metal.

In Peixinhos the Child is born
children of love
children of suffering.

>Ring the bells
>in Peixinhos there are no stars
>to guide the Three Kings.

Be silent bells
the mother is crying
she's crying for her child
her son in her arms.

>Through Rua do Cóndor
>the mother walks
>the child in her arms
>she walks suffering
>the child in her arms.

The mother, the neighbours
and the priest pray for the child
pray for the children
who do not know Christmas.

>The bells ring in the distance
>ding dong bell, ding dong bell
>it's Christmas in Peixinhos.

PEIXINHOS, RECIFE, BRAZIL 1987

Ideas y misiles

ideas abren puertas
!
!
!
!
!
!
misiles las cierran

AFGANISTAN, NOVIEMBRE 2002

Ideas and missiles

ideas open doors
!
  !
   !
    !
   !
  !
 !
missiles close them

AFGHANISTAN, NOVEMBER 2002

Los nueve niños de Hutala

Seis de diciembre dos mil tres
diez y treinta de la mañana
cielo azul y sol brillante.

Niños juegan con bolitas de cristal
niños corren detrás de la pelota.
Niñas colectan agua del arroyo
adultos observan a la sombra de un árbol.

Dos aviones A-10 Thunderbolt
disparan sus misiles
y las 30-mm Gatling ametralladoras.

Mueren dos niñas y siete niños.

Queman el árbol de la sombra
y destruyen los juegos infantiles.

De los niños
sólo quedan manchas de sangre seca.
En el cementerio las gorras y zapatos
y los nueve niños asesinados en Hutala.

The US military regrets
the loss of innocent life.

HUTALA, GHAZNI, AFGANISTAN, 6 DE DICIEMBRE 2003

The nine children of Hutala

Sixth of December two thousand and three
ten thirty in the morning
blue sky and bright sun.

Children play with marbles
children run after the ball.
Girls collect water from the stream
adults observe in the shade of a tree.

Two A-10 Thunderbolt planes
shoot their missiles
and 30-mm Gatling guns.

Two girls and seven boys die.

They burn the tree of the shade
and destroy the children's games.

Of the children
only stains of dried blood remain.
In the cemetery the caps and shoes
and the nine children killed in Hutala.

The US military regrets
the loss of innocent life.

HUTALA, GHAZNI, AFGHANISTAN, 6 DECEMBER 2003

Daño colateral

Cuatro cientas
>> mujeres
>>>> y niños

asesinados

>>> en el Amariya shelter
>>>> por un laser-guided misil

son daños colaterales

>>> anuncia
>>>> el portavoz oficial
>>>>> de la Casa Blanca.

BAGDAD, IRAQ 1991

Collateral damage

Four hundred
        women
                and children

assassinated

        in the Amariya shelter
                by a laser-guided missile

they are collateral damage

        announces
                the official spokesperson
                      of the White House.

BAGHDAD, IRAQ 1991

Niños de Iraq

No hablen de otoños melancólicos
y que hay que tirar hojas al viento
cortaron los árboles en primavera.

BAGDAD, IRAQ MAYO 2002

Children of Iraq

Do not speak of melancholy autumns
and the need to throw leaves to the wind
they cut the trees in the spring.

BAGHDAD, IRAQ MAY 2002

Los niños del mercado

Es un día como todos los días
en un mercado de Bagdad

dos niños
aparecen en el sol de la mañana

lejos del blanco original

caen misiles
                rápidos
                  y precisos
inexorables

dos niños
corren bajo el fuego

los dos niños
        desaparecen
                fugaces

en un alfabeto de chispas
de los adoquines de la calle.

BAGDAD, IRAQ MAYO 2004

The children of the market

It's a day like any other day
at a market in Baghdad

two children
appear in the morning sunlight

far from the original target

missiles fall
                     fast
                     and precise
relentless

two children
run under the fire

the two children
        disappear
                suddenly

in an alphabet of sparks
on the cobbles of the street.

BAGHDAD, IRAQ MAY 2004

Silencio

Silencio, por favor, silencio.

Los niños
están vestidos de ángeles
en las camillas de la morgue.

En la morgue
hay silencios y preguntas.

Por qué los niños desaparecen
en los cementerios anónimos?

Silencio, por favor, silencio.

A los niños los sepultan
en el cementerio de Bagdad.

Silencio, por favor, silencio.

BAGDAD, IRAQ MAYO 2003

Silence

Silence, please, silence.

      Children
are dressed like angels
on stretchers in the morgue.

In the morgue
there is silence and questions.

Why are children disappearing
in anonymous cemeteries?

Silence, please, silence.

They bury the children
in the cemetery of Baghdad.

Silence, please, silence.

BAGHDAD, IRAQ MAY 2003

Pillaje

        Dónde está
el árbol
que nace del limón?

           Quién
    hurta
el zumo amarillo
de la vieja Babilonia?

     Quién
corta las alas
a los pájaros de piedra?

         La estatua
piedra blanca sucia
no quiere visitar el mundo.

Auténtica y en dólares.

Augurios.

En la montaña cósmica
los bárbaros
talan la raíz del limón.

El payaso
reparte veneno amargo.
Los esqueletos
caen al precipicio.

BABILONIA, IRAQ 2003

Pillage

        Where is
the tree
that grows from the lemon?

           Who
    steals
the yellow juice
of old Babylon?

       Who
cuts the wings
of the birds of stone?

           The statue
dirty white stone
doesn't want to see the world.

Authentic and in dollars.

Auguries.

On the cosmic mountain
the barbarians
cut the root of the lemon tree.

The clown
distributes bitter poison.
The skeletons
fall over the precipice.

BABYLON, IRAQ 2003

Grita el puerco espín

Árboles esconden la noche.
Gritan pájaros nocturnos,
han sembrado semillas
en la oscura caja de madera!

Ladran los perros policiales
lobos miran en la distancia
rápidas comulgan hormigas
y lavan las piedras sucias
en la fosa del secreto oficial.

Se filtran gusanos anunciados
por entre el cordón sanitario.

Hormigas solícitas sepultan
rojas partículas del puñal
en la torre de los animales.
Suave grita el puerco espín
y callan los seis hombres.

En la fría cacofonía de ruidos
se abren vocales mecánicas
el silencio se hace otro día.

En el montículo de tierra
no hay humo de cigarros.
La mañana encuentra todo
limpio de huellas y manos.

Al instante que las noticias
anuncian la muerte desnuda
abren la botella de champán.

LONDRES, OCTUBRE 2003

The porcupine screams

Trees conceal the night.
Nocturnal birds scream,
they have sown seeds
in the dark wooden box!

The police dogs bark
wolves observe from the distance
ants quickly take communion
and wash the dirty stones
in the grave of the official secret.

Expected worms filter
through the sanitary cordon.

Complicit ants bury
red particles from the knife
in the tower of the animals.
The porcupine screams softly
and the six men are silent.

In the cold cacophony of sounds
mechanical vowels open
the silence becomes another day.

On the mound of earth
there is no cigarette smoke.
The morning finds everything
clean of marks and hands.

As soon as the news
announces the naked death
they open the bottle of champagne.

LONDON, OCTOBER 2003

El docto filósofo

El docto filósofo les tira piedras
a las caras detrás de las máscaras.
Hay evidencias ocultas en emails
y apariencias en telas de arañas.

Marte triunfa en la foresta
y desaparecen las evidencias
al servicio de Su Majestad.
Es el silencio del silencio final.

El sarcasmo de una Oh!
salpica lugares sacrosantos
y desaparece el fantasma
en argumentos inaccesibles.

Son hombres de investiduras
en trajes vacíos del hombre.
Personajes furtivos regresando
al ricón del jardín abreviado.

Hay misivas enterradas en cajones
cementerios cubiertos de banderas
corre la sangre con las ánimas.
Camillas acarrean los periódicos
y disimulan muertos del frente.

Son mil o miles los muertos
el número diez
borra los números cada día.

Delincuentes en camisas blancas
prometen mercados libres.
Cuervos rateros
rompen las puertas de Babilonia.

Los Ali Babas vuelven a Bagdad
cabalgando en aviones invisibles.

LONDRES, SEPTIEMBRE 2003

The wise philosopher

The wise philosopher throws stones
at the faces behind the masks.
There is evidence hidden in emails
and appearances in spiders' webs.

Mars triumphs in the forest
and the evidence disappears
on Her Majesty's service.
It is the silence of the final silence.

The sarcasm of an Oh!
drips on holy places
and the ghost disappears
in inaccessible arguments.

They are men of investiture
in empty suits of men.
Furtive people returning
to the corner of the small plot.

There are missives buried in coffins
cemeteries covered in flags
blood runs with the souls.
Stretchers carry newspapers
and hide the dead from the front.

A thousand or thousands are the dead
number ten
erases the numbers every day.

Delinquents in white shirts
promise free markets.
Criminal crows
storm the gates of Babylon.

The Ali Babas return to Baghdad
galloping on invisible planes.

LONDON, SEPTEMBER 2003

Cuatro perros rabiosos

Noche extiende velos oscuros
en los territorios del norte.

Transitan en la medianoche
bandadas de cisnes blancos
dejan en mi piel
nostalgias en calles hurañas.

Ring ring avisa el reloj
cinco y treinta de la mañana
minutos más o menos
es otro día oscuro.

Romeo saluda a los árboles
huyen las ardillas
observan los cuervos.

Cuatro perros rabiosos
y el hombre esconden la cara.

Gotas de agua me hacen recordar
alegrías en otros veranos hoy día
las playas azules y sus días de sol
crisantemos en jardines anónimos.

Baghdad y sus niños anónimos
hogares y habitantes anónimos
caras de los muertos anónimos
la paz anónima de los misiles.

Grita la mujer del perro plomo
Good morning, I'm well, cool day, isn't it?
Good morning, respondo alejandome.

LONDRES, 21 DE DICIEMBRE 2003

Four angry dogs

Night throws dark veils
in the territories of the north.

Flocks of white swans
travel at midnight
leaving on my skin
nostalgias in unfriendly streets.

Ring ring announces the clock
five thirty in the morning
minutes more or less
it's another dark day.

Romeo greets the trees
the squirrels run away
the crows observe.

Four angry dogs
and a man hide their faces.

Raindrops remind me
of the happiness of other summer days
blue beaches and days of sun
chrysanthemums in anonymous gardens.

Baghdad and her anonymous children
anonymous homes and inhabitants
faces of the anonymous dead
the anonymous peace of the missiles.

The woman with the grey dog shouts
Good morning, I'm well, cool day, isn't it?
Good morning, I reply as I walk away.

LONDON, 21 DECEMBER 2003

Bestias en tejados ajenos

Retumba en la tarde el pío asustado
de un pájaro en apuros.
Avisa a los pájaros vecinos
que hay una bestia asesina
rondando el tejado ajeno.

Bestias y los dueños de las bestias
saben que hay una hora
para cazar pájaros ingenuos
y a los hijos de los pájaros.

Vecinos orgullosos
aprueban la invasión de las bestias
al territorio de los pájaros.
Saludan cuando la bestia invasora
atrapa al pájaro indefenso.

Pájaros de la comunidad de los pájaros
protestan por la invasión.
Lamentan la falta de leyes
que protejan a los pájaros indefensos.

Sonríe orgulloso el dueño de la bestia
tiene las mejores armas
y está entrenada para matar
a la primera orden explica.

Vuelan plumas en el tejado ajeno
y el pío del pájaro aterrorizado
desaparece poco a poco
el pájaro muere en el hocico de la bestia.

Con sus garras le abre el pecho
y pedazo a pedazo se come al pájaro.
Brillan crueles los ojos de la bestia
corre sangre fresca por sus colmillos.

LONDRES, MARZO 2003

Beasts on foreign roofs

The frightened cheep of a bird in distress
echoes in the evening.
It alerts birds in the neighbourhood
that there is a killer beast
patrolling a foreign roof.

Beasts and the beasts' owners
know there is a time
for catching naive birds
and the birds' children.

Proud neighbours
approve of the beasts' invasion
of the birds' territory.
They cheer when the invading beast
catches the defenceless bird.

Birds from the bird community
protest against the invasion.
They regret the lack of laws
to protect defenceless birds.

The beast's owner smiles proudly
he has the best weapons
and has been trained to kill
at the first command he explains.

Feathers fly on the foreign roof
and the cheep of the terrified bird
disappears little by little
the bird dies in the beast's jaws.

With its claws it opens its breast
and eats the bird piece by piece.
The beast's eyes shine cruelly
fresh blood runs down its fangs.

LONDÓN, MARCH 2003

Tortura

Oscuridad de la capucha negra
Tortura

Soledad de la incomunicacíon
Tortura

Corriente eléctrica
Tortura

Interrogación con perros
Tortura

Desnudez indefensa
Tortura

Golpes de los soldados
Tortura

Violencia sexual
Tortura

Inmovilidad de horas sin fin
Tortura

Detención sin proceso judicial
Tortura

Desaparecido en cárceles anónimas
Tortura

LONDRES 2004

Torture

Darkness of the black hood
Torture

Loneliness of solitary confinement
Torture

Electric shock
Torture

Interrogation with dogs
Torture

Defenceless nakedness
Torture

Blows from the soldiers
Torture

Sexual violence
Torture

Endless hours of immobility
Torture

Detention without trial
Torture

Disappeared in anonymous prisons
Torture

LONDON 2004

El sueño y la noche

Un par de tijeras viejas visita la dama
de pelo largo. Hábitos cubren temores
un día en el día de la noche.

Disimulo ventanas con el calzado
cubierto de azúcar morena.
Las largas explicaciones
caen al abismo mano en mano.

Un gong sin apellido maternal
toca un vaso de vino.
Se equilibra un vaso sobre otro vaso
por mi cuerpo resbala
el voluptuoso sabor a tus labios.

Les escondo el triángulo mágico.
Caballeros abren la puerta
prenden lamparas en las escaleras
al centro del espíritu.

Miro desde una reflexión
caballeros tapan la cara dormida
no tienen respeto por las leyes
tiran cuervos a la cara.

En el poster crece mi nombre
cuchillos buscan en el subterráneo
deshabitado y dejan un túmulo de miradas
en el escaparate de la noche.

Un gato plomo rompe las tinieblas
sombras en las imagenes sin cara
la palabra vigilia en un papel
el sueño no me deja ver si es oficial.

Me niego a dormir a la oración
pregunto de quién es la guerra?

LONDRES, JUNIO 2004

Sleep and night

An old pair of scissors visits the lady
of the long hair. Habits hide fears
one day in the day of the night.

I disguise windows with shoes
covered in dark sugar.
The long explanations
fall into the abyss from hand to hand.

A gong without a maternal surname
touches a glass of wine.
A glass balances on top of another glass
the voluptuous taste of your lips
slides down my body.

I hide the magic triangle from them.
Gentlemen open the door
and turn the lights on in the stairs
at the centre of the soul.

I look from a reflection
gentlemen cover the sleeping face
they have no respect for the laws
and throw crows at the face.

My name grows on a poster
knives search the uninhabited
basement and they leave a pile of glances
in the shop windows at night.

A grey cat breaks the darkness
shadows on the faceless images
the word vigil on a piece of paper
sleep won't let me see if it's official.

I refuse to sleep during the sermon
I ask whose war is it?

LONDON, JUNE 2004

Abu Ghraib

Sucias murallas de piedra ploma
ocultan rostros de los prisioneros
listas secretas
las ordenes
los secretos en textos del código militar.

Odio desnuda el género humano
con desprecio sonríen las muecas
cuando torturan en la oscuridad.

Grita el silencio y la orden
del teléfono anónimo.
Gritan los torturados
grita el silencio en Abu Ghraib.

En oscuras jaulas de hierro
exhiben cautivos encadenados.
Perros ladran a rehénes desnudos
capuchas negras esconden el dolor
de hombres mudos y encapuchados.

Usan porras y torturan
usan perros
y ríe la bella England.
Ordenes y soldados crean pirámides
de piel en piel y al hombre-cruz.

Tortura usa uniformes militares
exhiben fotos
y trofeos humanos.
Y con estudiada indiferencia
torturan al hombre encapuchado.

Esconden restos de los gemidos
cabelleras y los huesos molidos.
En el vocabulario de los héroes
la cruz-hombre la hacen silencio.

LONDRES 2004

Abu Ghraib

Dirty walls of grey stone
hide the prisoners' faces
secret lists
the orders
the secrets in texts of military law.

Hatred bares mankind
the grimaces smile contemptuously
when they torture in the dark.

The silence and the command
from the anonymous telephone scream.
The tortured scream
the silence in Abu Ghraib screams.

In dark iron cages
they exhibit chained captives.
Dogs bark at the naked hostages
black hoods hide the suffering
of silent and hooded men.

They use truncheons and they torture
they use dogs
and beautiful England smiles.
Orders and soldiers create pyramids
skin on skin and the man-cross.

Torture uses military uniforms
they exhibit photos
and human trophies.
And with calculated indifference
they torture the hooded man.

They hide remains of cries
scalps and crushed bones.
In the language of heroes
the cross-man is silenced.

LONDON 2004

El joven de Gonzaga

Cálidas las calles de la metrópolis
pasan buses con su carga humana
feliz brilla la publicidad del día.

Hombres miran de los arboles
el oficial con la cámara oficial
orina entre las flores pequeñas
y no separa al árbol del hombre.

Al trabajo va el joven de Gonzaga
lento camina y sube a los buses
rodeado de los hombres oficiales
despacio baja las gradas del metro.

Desde su escritorio oficial
la comandante da la orden,
inmovilicen al forastero.

Corren los hombres oficiales
saltan las barreras
rápida se acorta la distancia.

Gritan los hombres oficiales
hay preguntas en la cara del joven
un oficial amarra sus brazos
otro dispara a matar.

Bajo las blancas luces del carruaje
ejecutan al joven de Gonzaga
con once balas dumdum.

LONDRES, 22 DE JULIO 2005

The young man from Gonzaga

In the warm streets of the metropolis
buses go by with their human cargo
the daily advertising shines happily.

Men observe from the trees
the official with the official camera
urinates on the small flowers
and does not distinguish the tree from the man.

The young man from Gonzaga goes to work
he walks slowly and gets on the buses
surrounded by the official men
slowly he descends the steps of the underground.

From her official desk
the commander gives the order,
immobilize the foreigner.

The official men run
they jump the barriers
the distance shortens quickly.

The official men shout
there are questions on the young man's face
an official locks his arms
another shoots to kill.

Under the white lights of the carriage
they execute the young man from Gonzaga
with eleven dumdum bullets.

LONDON, 22 JULY 2005

Democracia

Observo las caras que rodean el árbol
Me pregunto por qué hay tanta tristeza
Será porque el árbol perdió una hoja?

LONDRES, MARZO 2004

Democracy

I observe the faces surrounding the tree
I wonder why there is so much sadness
Is it because the tree has lost a leaf?

LONDON, MARCH 2004